와일드북
와일드북은 한국평생교육원의 출판 브랜드입니다.

감사일기
The Gratitude Diary

초판 1쇄 인쇄 · 2023년 1월 25일
초판 1쇄 발행 · 2023년 1월 30일

엮은이 · 유광선(WILDS)
발행인 · 유광선
발행처 · 한국평생교육원
편 집 · 장운갑
디자인 · 박형빈

주 소 (대전) 대전광역시 유성구 도안대로589번길 13 2층
　　　　 (서울) 서울시 서초구 반포대로 14길 30(센츄리 1차오피스텔 1107호)
전 화 (대전) 042-533-9333 / (서울) 02-597-2228
팩 스 (대전) 0505-403-3331 / (서울) 02-597-2229

등록번호 · 제2018-000010호
이메일 · klec2228@gmail.com

ISBN 979-11-92412-37-5 (03190)

ISBN 979-11-92412-37-5

값 14,800원

감사일기

The Gratitude Diary

WILD

감사일기
The Gratitude Diary

WILDS 엮음

 와일드북

감사 일기 어떻게 쓸 것인가

감사 일기 쓰기로 내 인생을 바꿀 수 있을까

안녕하세요. 감사경영연구소 정지환 소장입니다.

저는 지난 10년 동안 감사일기를 쓰면서 행복은 먼 곳에 있는 것이 아니라 자신의 마음 먹기에 달려 있다는 깨달음을 얻게 되었습니다. 하지만 감사일기 쓰기가 일상적 습관으로 뿌리를 내리기까지 곡절이 아주 많았던 것도 사실입니다.

저는 젊은 시절 시사지 기자로 일하면서 논쟁적인 기사를 많이 썼습니다. 그때 붙었던 별명이 '싸움꾼 기자'였지요. 그러나 나름대로 치열한 삶을 살았는지 모르지만 정작 내면의 풍요와 가족의 행복은 돌보지 못했습니다.

아들은 당시 일에 미쳐 있던 저를 "집에 와서 잠만 자고 가는 하숙생"이라 했고, 아내는 "가정에 무심한 남편에게 복수하고 싶다."라고 말할 정도였습니다. 이후 국회·입법 전문지 '여의도통신' 창간을 주도했지만 너무 앞서나간 선택이었는지 재정난으로 문을 닫고 말았습니다. 10여 년 동안 열정을 불태웠던 '여의도통신'의 휴간이 저에게 안겨준 정신적 충격은 컸습니다.

졸지에 실업자가 되어 자존감이 떨어진 상황에서 설상가상으로 가족들마저 제게 냉랭하게 대했습니다. 어찌 보면 인과응보라 할 수 있지요.

그런 절망의 벼랑 끝에서 만난 것이 바로 '감사일기'였습니다.

하지만 세상을 비판적 시각으로 바라보는 시사지 기자로 20년 가까이 살아오다 보니 감사일기를 쓰는 것이 말처럼 쉽지만은 않았습니다. 그래서 '이것마저 못 하면 아예 그만두자.'라는 심정으로 마지막 도전에 나섰지요. 100일 동안 무조건 하루 100번씩 "감사합니다"라고 쓰기로 결심한 것입니다.

그런 결심에도 불구하고 처음 한 달 동안은 '감사' 두 글자만 대충 쓰는 등 요령을 피웠습니다. 하지만 이후에는 "감사합니다"라고 다섯 글자를 또박또박 온전하게 썼습니다.

며칠 후부터는 그 밑에다 '그날의 감사한 일' 세 가지도 적기 시작했습니다. 그랬더니 세 가지가 나중에는 다섯 가지로 자연스럽게 늘어났습니다. 저의 감사일기 쓰기는 그런 서툰 몸짓으로 시작되었습니다.

이 훈련은 작은 노트 세 권을 채우고서야 100일 만에 끝났습니다. 그런데 저는 이 100일 동안 중요한 변화를 체험했습니다. 그저 노트에 '감사'라는 두 글자, '감사합니다'라는 다섯 글자, 세 가지 감사, 다섯 가지 감사를 적었을 뿐인데, 저의 제2의 인생과 관련된 중요한 사건들이 모두 이 기간에 일어났던 것입니다.

23일째 어머니에게 문자메시지로 문안 인사를 드리기 시작했습니다.

30일째 아픈 조카와 가족을 위해 눈물로 기도했습니다.

51일째 중학교 3학년 아들에게 잠언을 읽어주기 시작했습니다.

64일째 평생 금연을 선포했습니다.

그리고 마침내 84일째 되던 날 저만 보면 복수하고 싶다던 아내가 즐거운 마음으로 야채 샐러드를 만들어 주었습니다. 98일째 되던 날에는 저를 '하숙생 아빠'라며 피하기만 하던 아들에게서 "행복해요." 라는 고백을 들을 수 있었습니다.

그 후 감사일기 쓰기를 일상적 습관으로 만드는 일에 성공하면서 저의 삶은 완전히 '뒤집어'졌습니다.

과거에는 부정적 시각을 바탕으로 사사건건 비판하고 공격하는 방식으로 살았다면 이제는 긍정적 사고를 바탕으로 모든 것들이 균형과 조화를 이루며 살아가는 세상을 만들기 위해 노력하는 삶을 살게 된 것입니다.

저의 심경 변화는 주변 사람들이 저를 대하는 태도마저 변하게 했지요. 다음은 저의 마흔아홉 번째 생일을 맞아 아들이 써준 감사 편지의 한 구절입니다.

"엄격하고 무뚝뚝한 다른 아버지들과는 차원이 다른 베스트 우리 아버지! 아버지의 멋진 면모를 닮아가는, 나아가는 청년이 되도록 노력할게요. 아버지의 존재에 다시 한번 감사합니다."

감사일기를 쓰면 달라지는 것들

감사일기 쓰기를 습관으로 만든 것만으로 제 삶의 변화가 시작되었는데, 어떻게 이런 일이 가능했을까요?

행복 심리학 권위자로 미국 캘리포니아대학교 리버사이드캠퍼스 교수인 소냐 류보미르스키는 '사람이 행복해지기 위한 12가지 노력'을 제시했습니다. 그 목록을 열거하면 다음과 같지요.

1. 목표에 헌신하기
2. 몰입 체험 늘리기
3. 삶의 기쁨 음미하기
4. 감사 표현
5. 낙관주의
6. 사회적 비교 피하기
7. 친절의 실천

8. 돈독한 인간관계

9. 스트레스 대응전략 개발

10. 타인 용서하기

11. 종교 생활

12. 명상

제가 직접 체험해보니 감사일기 쓰기 습관화에 성공하면 이 중에서 자동으로 6개는 수행하게 됩니다.

먼저 감사일기 쓰기는 곧 '감사 표현'입니다.

지속적 감사는 낙관적인 마음가짐, 즉 '낙관주의'를 갖게 하고 '삶의 기쁨 음미하기'를 가능하게 해줍니다. 그리고 자기 자신도 모르게 행동으로 옮기는 '친절의 실천'을 통하여 주변에서 "저 사람 바뀌었다."라는 긍정적 입소문이 번지기 시작합니다. 가끔 감사 내용을 쓰다 '타인 용서하기'를 하게 되는데, 이렇게 하면 벌써 5개나 됩니다. 또한 나 자신이 변하면서 자연스럽게 다른 사람들과 '돈독한 인간관계'를 맺게 됩니다. 변화에 성공한 6개를 체크해보면 다음과 같습니다.

1. 목표에 헌신하기 ☐

2. 몰입 체험 늘리기 ☐

3. 삶의 기쁨 음미하기 ☑

4. 감사 표현 ☑

5. 낙관주의 ☑

6. 사회적 비교 피하기 ☐

7. 친절의 실천 ☑

8. 돈독한 인간관계 ☑

9. 스트레스 대응 전략 개발 ☐

10. 타인 용서하기 ☑

11. 종교 생활 ☐

12. 명상 ☐

이로써 저는 1석 6조一石六鳥의 효과를 가져다준 감사일기 쓰기를 통하여 세상에서 가장 행복한 사람 중 한 명이 될 수 있었습니다. 나아가 '목표에 헌신하기', '사회적 비교 피하기', '스트레스 대응전략 개발' 등은 주말 아침 카페에 가서 신문 서평 기사 읽기, 동네에서 작은 독서모임 만들어 참여하고 어울리기, 조조할인으로 좋은 영화 골라 보기 등으로 충족해나갈 수 있었습니다.

캘리포니아대학교 버클리캠퍼스의 켈트너와 하커 교수는 밀스 여대의 1960년도 졸업생 141명을 대상으로 독특한 연구를 했습니다. 졸업앨범에서 환한 미소를 지은 사람을 가려낸 다음 30년 동안 이들의 결혼이나 생활 만족도를 추적 조사한 것입니다. 그런데 놀랍게도 졸업사진에서 환한 미소를 지은 학생들이 그렇지 않은 학생들보다 더 건강하고, 더 성공하고, 더 행복한 인생을 살았습니다.

이 연구 결과를 보고 저는 대학 1학년을 마치고 입대를 위하여 휴학을 신청한 아들의 졸업앨범을 찾아보았습니다.

제가 '하숙생 아빠'였던 시절 아들은 중학교 졸업앨범에서 '우수에 젖은 얼굴'로 우두커니 서 있었지만 아버지가 감사일기를 쓴 지 3년이 흐른 뒤에 찍은 고등학교 졸업앨범에서는 '환한 미소'를 짓고 있었습니다.

대조적인 두 장의 사진을 목격한 순간, 감격 또 감격하지 않을 수 없었습니다. 매일 밤 스탠드 불빛 아래서 감사일기 쓰는 아버지의 뒷모습을 보여줬을 뿐인데 엄청난 선물을 받은 것입니다.

전 세계적으로 약 1,180만 명의 구독자를 보유한 독일의 교양물 제작 유튜브 채널 쿠르츠게작트Kurzgesagt는 과학적 연구로 확실히 검증된 내용만 다루는 것으로 유명합니다. 양보다 질質을 중시하는 이들은 2013년부터 진화, 빅뱅, 핵무기, 컴퓨터 등 주로 과학 위주의 콘텐츠를 한 달에 한두 편씩 제작해 왔습니다.

코로나19를 다룬 영상물은 한 달 만에 2,300만 명의 세계인이 시청하기도 했습니다. 그런데 쿠르츠게작트는 얼마 전부터 감사, 외로움, 낙관적 허무주의 등 긍정심리학 분야의 주제도 다루기 시작했습니다.

쿠르츠게작트 제작진은 '불만족 해독제, 감사' 편에서 방대한 연구 성과를 검토하고 전문가 인터뷰까지 끝낸 다음 가장 쉽고 효과적인 감사 훈련 방법을 제시했습니다. 그것은 다름 아닌 '감사일기 쓰기'였습니다.

과학적 연구 결과를 중시해온 제작진도 처음에는 너무 허무한 결론이라고 생각했었던 모양입니다.

"이게 끝입니다. 정말입니다. 거의 모욕적으로 느껴지기까지 합니다. 하지만 감사일기 쓰기가 가장 과학적으로 검증된 최선의 방법인 것만은 분명하다고 다시 한번 강조했지요."

그런데 저는 이런 반론을 제기하고 싶습니다. 인간으로 산다는 것이 결코 쉬운 일은 아니지만, 행복의 비밀이 반드시 어려워야만 한다는 법도 없다고!

감사일기 어떻게 쓸 것인가

감사일기를 쓰기 위해서는 펜과 종이, 5분의 시간만 있으면 됩니다.(물론 오늘 여러분이 손에 쥔 예쁜 감사일기가 있다면 더 좋을 것입니다.)

잠자리에 들기 전이나 아침에 일어나 자리에 앉아서 차분히 하루 동안의 감사한 일 몇 가지 정도만 적으면 됩니다. 감사일기 내용이 꼭 대단할 필요는 없습니다. 커피의 향기, 누군가의 친절 그리고 만약 사라진다면 그리워할 누군가 혹은 무언가를 돌아보는 것으로 충분합니다. 예를 들면 아래와 같습니다.

① 오늘도 거뜬하게 잠자리에서 일어날 수 있게 해주셔서 감사합니다.
② 유난히 눈부시고 파란 하늘을 보게 해주셔서 감사합니다.
③ 점심때 맛있는 스파게티를 먹게 해주셔서 감사합니다.
④ 얄미운 짓을 한 동료에게 화내지 않았던 저의 참을성에 감사합니다.
⑤ 좋은 책을 읽었는데 그 책을 써준 작가에게 감사합니다.

'토크쇼의 여왕' 오프라 윈프리가 감사일기에 적은 것들입니다.

세계에서 가장 인기가 높고 부유한 스타이지만 생각한 것보다 감사일기 내용이 거창하지 않으며, 도리어 일상 속의 아주 작고 사소한 것들에 집중하고 있다는 사실을 알 수 있습니다.

오프라 윈프리는 감사일기 쓰기를 실천해 고통과 절망에서 허덕이던 인생을 기쁨과 희망이 넘치는 인생으로 전환한 대표적 인물입니다. 가난, 가출, 마약, 비만, 성폭행 등 온갖 불행한 환경에 노출되어 있다가 인생의 소중함을 깨달은 그녀는 하루 동안 고마웠던 것 다섯 가지를 적으며 삶에 대한 희망을 품게 되었습니다.

감사일기에 적을 대상은 크게 사람people, 사물things, 장소places, 사건events 등으로 나눠볼 수 있습니다.

이 분류법을 활용해 곰곰이 생각하면 일과와 일상 속에서 감사한 것들이 줄줄이 떠오를 것입니다. 오늘 나에게 기쁨과 즐거움을 준 사람과 사건과 경험을 회상하고 그것을 숙고함으로써 의미를 증강시킨 후에 적으면 더욱 효과가 커집니다.

너무 어렵고 거창하게 생각하지 말고 작은 것, 사소한 것, 당연한 것, 가까이 있는 것들부터 감사하는 마음으로 적어보세요. 그러면 마음 근육이 튼튼해지면서 여러 가지 변화의 열매를 맛볼 수 있을 것입니다.

쿠르츠게작트는 감사의 효과를 이렇게 열거했지요.

① 긍정적인 기억을 더 쉽게 저장하고 떠올린다.
② 질투, 비교, 냉소, 자기애, 물질주의 등 부정적인 감정이 줄어든다.
③ 친밀한 인간관계를 만들 기회가 더 많아진다.
④ 우울, 중독, 불면증, 번아웃에 시달릴 가능성이 줄어든다.
⑤ 충격적인 사건에 더욱 유연하게 대처한다.

쿠르츠게작트 제작진은 "어떤 상황에서도 감사하는 사람이 더 행복하고 만족하는 경향이 있다."라는 마지막 결론을 내렸습니다.

여러분도 감사일기 쓰기로 감사 훈련을 해나가면서 "불만족 해독제이자 행복을 결정하는 가장 강력한 요소"인 감사의 진수를 맛보시길 바랍니다.

감사일기 쓰기를 지속적 습관으로 만들기 위해선 3-3-3의 법칙도 알아둘 필요가 있습니다.

3주(습관화)-3월(생활화)-3년(체질화)이 감사의 습관이 형성되는 과정과 원리입니다. 감사일기를 처음 쓰는 사람들에게는, 이 중에서도 가장 중요하고 구체적인 감사 습관의 기본 단위가 3주입니다.

달걀이 부화하는 데 걸리는 21일과 같습니다. 새로운 습관이 생겨나려면 최소한 3주를 이겨내야 합니다.

"감사일기를 3주 동안 쓰면 내가 먼저 긍정적으로 변화하는 것을 느낄 수 있고, 3개월 동안 쓰면 주변 사람들이 그것을 눈치채고 말을 건네온다."라고, 앞서 감사일기를 썼던 많은 사람들이 고백했습니다.

마지막으로 그냥 '일기'가 아니라 '감사일기'를 써야 하는 이유를 말씀드리겠습니다.

사람들은 왜 평범한 일기조차 쓰기 어려워하는 걸까요? 일기를 매일 쓴다는 지속성의 어려움도 있겠지만 가장 큰 이유는 사실 따로 있습니다. 기존의 일반적인 일기는 잘못한 일에 초점을 맞춥니다.

그러다 보니 일기가 반성문이 되고, 당연히 쓰기가 싫어집니다.

'부정의 눈'으로 세상을 바라보면 자신도 모르게 불평과 불만이 늘어납니다. 하지만 감사일기는 '오늘의 감사한 것'에 초점을 맞추게 합니다. '긍정의 눈'으로 세상을 바라보면 마음이 편안해지고 행복해집니다.

물에 빠진 사람이 지푸라기라도 잡는 심정으로 감사일기를 쓰기 시작했던 '감사 지진아'가 지금은 이 세상에 감사를 전파하는 '감사 전도사'가 되었습니다.

아빠가 쓰는 감사일기가 아들의 얼굴을 바꾸고, 행복한 부부, 행복한 가정, 행복한 일터, 행복한 세상을 만들 수 있다는 가능성을 확인할 수 있었습니다. 가족 중의 한 사람이 감사일기를 만나면 가정의 변화는 이미 시작된 것이나 마찬가지입니다.

'하숙생 아빠'를 '베스트 아빠'로 바꾸고, '복수하고 싶은 남편'을 '사랑하고 싶은 남편'으로 변화시킨 감사일기의 힘! 이 책을 손에 쥔 당신도 오늘부터 감사일기를 써보는 건 어떨까요?

감사경영연구소 정지환 소장

감사 일기를 쓰기 위해서는 펜과 종이, 5분의 시간만 있으면 됩니다.(물론 오늘 여러분이 손에 쥔 예쁜 감사 일기가 있다면 더 좋을 것입니다.)

　　각 장의 텍스트는 데일 카네기의 저서 중에서 발췌하여 엮은 내용입니다.

서문 | 감사 일기 어떻게 쓸 것인가 ·············4

WILDS
돈과 사람과 사업이 지속가능하게 하는 힘!

피할 수 없다면 받아들여라 ·············21

Want
자신이 죽기 전까지 이루기를 원하는
10가지가 있다면 어떤 것들이 있을까요?

인생을 바꾸는 한 문장 ·············64

Imagine
앞으로 인생에서 가장 빛나는 때가 찾아온다면
언제쯤이 될까요? 그리고 그때 어디에서 어떤
모습으로 누구와 무엇을 하고 있을까요?

위기를 기회로 바꾸는 법 ·············105

Learn
자신이 원하고 좋아하는 것을 하기 위해
배우고 개발할 것이 있다면 무엇이 있을까요?

그 누구도 죽은 개는 걷어차지 않는다 ·············146

Declare
미래 비전을 위해 앞으로 1주일간
실행할 것을 선언한다면 무엇이 있을까요?

피로와 걱정을 예방하는 4가지 좋은 업무 습관 185

Share
꿈을 이루어 나가면서 감사한 마음으로
나눔을 한다면 어떤 것이 있을까요?

불면증을 걱정하지 않는 방법 221

WILDS

돈과 사람과 사업이
지속가능하게 하는 힘!

최고의 날은 아직 오지 않았다

가장 훌륭한 시는 아직 쓰이지 않았다.
가장 아름다운 노래는 아직 불리지 않았다.

최고의 날들은 아직 살지 않은 날들

가장 넓은 바다는 아직 항해되지 않았고
가장 먼 여행은 아직 끝나지 않았다.

불멸의 춤은 아직 추어지지 않았으며
가장 빛나는 별은 아직 발견되지 않은 별

무엇을 해야 할지 더는
알 수 없을 때
그때 비로소 진정한 무엇인가를 할 수 있다.

어느 길로 가야 할지 더는 알 수 없을 때
그때가 비로소 진정한 여행의 시작이다.

-나짐 히크메트

피할 수 없다면 받아들여라

어린 소년이었을 때, 나는 친구 몇 명과 미주리주 북서쪽의 버려진 낡은 오두막의 다락에서 놀고 있었다. 다락에서 내려오기 위해 나는 창틀에 잠시 발을 얹었다 뛰어내렸다. 나는 왼손 검지에 반지를 끼고 있었는데, 뛰어내린 순간 반지가 못대가리에 걸려 그만 손가락이 잘려버리고 말았다.

나는 비명을 질렀다. 나는 내가 죽을 것으로 생각해 겁을 먹었다. 하지만 손을 치료받은 뒤론, 다시는 그 일에 대해 생각하지 않았다. 그럴 필요가 뭐가 있겠는가? 나는 피할 수 없는 일을 받아들였다. 나는 왼손에 손가락 네 개만 남았다는 사실을 한 달에 한 번꼴로 겨우 기억해낼 뿐이다.

몇 년 전, 나는 뉴욕 시내의 사무실용 건물의 한 화물 엘리베이터에서 어떤 남자를 만났는데, 그의 손목 아래에는 손이 없었다.

나는 그에게 손이 없어 힘들지 않냐고 물었다. 그는 이렇게 말하는 것이었다.

"오, 전혀요. 거의 잊고 산답니다. 아직 결혼하지 않아서인지, 바늘에 실을 꿸 때를 제외하고는 신경 쓸 일이 없어요."

우리가 어떤 상황이 닥쳐도 빠르게 적응한 뒤 잊어버릴 수 있는지를 보면 깜짝 놀랄 수밖에 없다.

나는 종종 네덜란드 암스테르담의 15세기에 지어진 성당의 잔해에 적힌 글을 떠올린다. 플라망어로 적힌 그 글은 이런 내용을 담고 있다.

"벌어진 일 외에 일어날 수 있는 다른 일은 없다."

당신과 나는 앞으로도 수십 년을 살며, 유쾌하지 않은 상황을 많이 마주하게 될 것이다. 하지만 벌어진 일 외에 일어날 수 있는 다른 일은 없다. 우리는 선택할 수 있다. 피할 수 없다고 받아들이고 상황에 적응하든지, 저항하다가 삶을 망쳐버리거나 신경쇠약에 걸리는 것이다.

내가 가장 좋아하는 철학자 중 한 명인 윌리엄 제임스의 현명한 충고를 하나 알려주겠다. 그는 이렇게 말했다.

"받아들여라. 일어난 일을 받아들이는 것은 그 어떤 불행의 결과도 극복하는 첫 번째 걸음이 될 것이다."

오리건주 포틀랜드 북동쪽 49번가 2840번지에 사는 엘리자베스 콘리는 그 진리를 어렵게 깨우쳤다. 그녀는 최근에 내게 이런 편지를 보내왔다.

미국이 북아프리카의 전투에서 거머쥔 승리를 축하하고 있던 날이었습니다. 육군성에서 전보를 한 통 보내왔습니다. 가장 사랑하는 조카가 실종되었다는 것이었습니다. 얼마 후, 다른 한 통의 전보가 도착해 그의 죽음을 알렸습니다.

나는 슬픔으로 몸을 가눌 수가 없었습니다. 그때까지만 해도, 나는 충만한 삶을 살고 있었으니까요. 나는 내 일을 사랑했고, 조카의 양육을 돕고 있었습니다. 조카는 좋은 청년의 모든 면모를 다 갖춘 아이였습니다. 빵을 건네면 케이크가 되어 돌아오는 느낌이었습니다. 그런데 전보가 도착해 내 삶을 무너뜨린 것이었습니다.

나는 더는 살아야 할 이유가 없다고 생각했습니다. 나는 일을 방치했고, 친구들과 멀어졌습니다. 나는 모든 것을 끊어냈습니다. 억울함과 분함으로 채워졌습니다. 왜 사랑하는 조카를 데려가야 했지? 왜 그렇게 살아갈 날이 창창한 사랑스러운 아이가 죽어야만 했지? 나는 받아들일 수 없었습니다. 엄청난 슬픔으로 인해 나는 결국 일을 그만두고 어디론가 떠나서 눈물과 비통함 속에 숨어 지내겠다고 마음먹고 말았습니다.

사무실 책상을 비우고, 퇴사를 준비하던 도중, 나는 잊고 있던 편지를 한 통 발견했습니다. 몇 년 전, 어머니가 돌아가셨을 때 조카가 써준 편지였습니다.

'당연히 할머니가 그리울 거예요. 특히 이모는 더욱 그리워하시겠지요. 하지만 이겨내실 거라 믿어요. 이모에게는 그럴 힘이 있어요. 이모가 가르쳐준 아름다운 사실들을 절대 잊지 않을 거예요. 제가 어디에 있든, 우리가 얼마나 떨어져 있든, 이모가 알려준 대로 웃음을 잃지 않고, 남자답게 모든 걸 받아들일 거예요.'

나는 그 편지를 읽고 또 읽었습니다. 조카 녀석이 꼭 곁에서 내게 말을 걸고 있는 것처럼 느껴졌지요.

'왜 내게 가르쳐준 것들을 하지 않으세요? 무슨 일이 있어도 나아가세요. 슬픔은 웃음 뒤에 숨겨두고, 계속해서 나아가세요.'

나는 다시 일터로 돌아갔습니다. 나는 비통함과 반발심을 내려놓았습니다.

나는 스스로 이렇게 되뇌었습니다.

'다 끝난 일이야. 바꿀 수 있는 건 아무것도 없어. 하지만 그 아이가 바란 것처럼 계속해서 나아갈 수는 있어.'

나는 몸과 마음을 바쳐 일에 매진했습니다. 마찬가지로 누군가의 자식일 군인들에게 위문 편지를 보내기도 했습니다. 나는 성인을 대상으로 한 야간 수업을 신청했고, 새로운 관심사를 찾고 새로운 친구들을 사귀었습니다. 그 당시 겪은 변화는 믿을 수 없을 정도였습니다. 돌아오지 않는 과거에 매달리는 일은 그만두었습니다. 나는 조카가 원했던 대로 기쁨으로 매일을 살며 평화를 되

24

찾았습니다. 나는 운명을 받아들였습니다. 그리고 그 어떤 때보다 충만하고 완전한 삶을 누리고 있습니다.

엘리자베스 콘리는 우리 모두가 언젠가는 깨우쳐야 할 진리를 깨달았다. 피할 수 없다면 받아들여야 한다는 진리 말이다.

"벌어진 일 외에 다른 일은 일어날 수 없다."

이 교훈을 깨닫는 건 어려운 일이다. 왕좌에 앉은 왕들도 이 진리를 계속해서 상기할 필요가 있었다. 지금은 세상에 없는 조지 5세는 버킹엄 궁전 서재 벽에 이런 글을 액자에 담아 걸어두었다.

"하늘의 달이나, 엎질러진 우유 때문에 울지 않도록 하소서."

쇼펜하우어 역시 비슷한 말을 한 적 있다.

"받아들이는 행위는 삶이라는 여정에 있어 가장 중요한 준비물이다."

확실한 것은, 상황 자체가 우리를 행복하거나 불행하게 만들 수는 없다는 것이다. 우리가 상황에 대해 반응하는 방식이 우리의 기분을 좌우한다.

예수는 우리 안에 천국이 있다고 말했다. 그리고 지옥 역시, 우리 안에 있는 것이다.

우리는 모두 불행과 비극을 감내할 수 있고 필요하다면, 그것들을 물리칠 수도 있다. 우리는 그런 힘을 깨닫지 못하고 살지만, 우리의 내부에는 놀라울 만큼 강인한 힘이 있다. 그 힘은 발견되기를 기다리고 있다. 우리는 우리의 생각보다 강하다.

　우리가 격분하고 저항하며 억울해한다면, 우리는 피할 수 없는 일을 바꾸기는커녕 우리 자신을 바꾸게 될 것이다. 적어도 내가 시도한 바로는 그렇다.

　나 역시 피할 수 없는 상황을 받아들이기를 거부한 적이 있다. 나는 바보처럼 화를 냈고 저항했다. 나는 밤이면 불면의 지옥으로 걸어 들어갔다. 그리고 원치 않는 일들이 딸려왔다. 결국, 일 년의 고행 끝에, 나는 처음부터 알고 있었던, 그 무엇도 바꿀 수 없다는 사실을 받아들여야 했다.

　나는 이미 수년 전에 월트 휘트먼을 따라 소리쳐야 했다.

　오, 조롱과 사고와 거절을,

　마치 나무와 동물들이

　밤과 태풍과 배고픔에 맞서듯 맞서게 하소서.

　나는 12년 동안 소를 돌본 적이 있다. 내가 본 바로는 저지종 젖소 가운데는 가뭄 때문에 목초지가 불탄다고, 진눈깨비와 추위로 힘들다고, 수컷이 다른 어린 암소에게 지나친 관심을 보인다고 열을 내는 소도 없었다. 동물들은 밤, 태풍 그리고 배고픔을 침착하게 견딘다. 그런 일로 신경쇠약이나 위궤양을 겪는 일은 없다. 그들은 절대 미치지 않는 것이다.

우리 앞에 닥친 모든 역경에 절대적으로 굴복하라는 충고를 하는 것 같은가? 결코 아니다. 그건 체념에 불과하다. 우리가 상황을 극복할 수 있다면, 싸워야 한다! 하지만 상식적으로 보았을 때, 당신이 이미 엎질러진 물을 두고 싸우고자 하는 것이라면, 정신 건강을 위해서라도 앞도 뒤도 돌아보지 말고 비통해하지도 말자.

지금은 고인이 된 컬럼비아 대학의 딘 호크스 청장은 '엄마 거위'라는 작품의 한 구절을 인생의 좌우명으로 택했다.

하늘 아래 모든 질병에는

치유법이 있거나, 없다.

치유법이 있다면 찾되,

없다면, 신경 쓰지 말지어다.

리더스 다이제스트의 한 기사에서, 엘시 매코믹은 이렇게 말했다.

"우리가 피할 수 없는 일과 싸우기를 멈출 때, 우리는 더욱 풍요로운 삶을 만드는 에너지를 방출하게 된다."

그 누구도 피할 수 없는 일과 싸우는 데 감정과 활력을 쏟으면서, 새로운 삶을 만들 기력까지 남길 수는 없다. 피할 수 없는 인생의 폭풍우를 받아들이든지, 아니면 저항하다가 부서지든지, 둘 중 하나를 선택해야 할 것이다.

나는 실제로 내 미주리주 농장에서 그 광경을 본 적이 있다. 나는 농장에 스무 그루 정도의 나무를 심었다. 처음에 나무들은 놀라울 정도로 빠르게 자랐다. 그리고 진눈깨비를 달고 온 폭풍우 때문에, 잔가지는 물론 모든 나뭇가지 위로 두꺼운 얼음으로 뒤덮였다. 나무들은 우아하게 휘는 대신, 꼿꼿하게 저항했고 끝내 부러져버렸다. 내 나무들은 북쪽 숲에 사는 나무들의 지혜를 배우지 못했던 것이다.

나는 수백km를 달려 캐나다의 상록수 숲을 여행한 적이 있는데, 그곳에 진눈깨비로 부러진 가문비나무나 소나무는 한 그루도 보지 못했다. 그 상록수들은 가지를 굽혀 피할 수 없는 것을 받아들이는 법을 알고 있었다.

주짓수 마스터들은 제자들에게 이렇게 가르친다고 한다.

"버드나무처럼 휘어져라. 떡갈나무처럼 버티지 마라."

당신의 자동차 타이어가 그렇게 험한 취급을 받으면서도 도로 위에서 버티는 방법을 아는가? 생산자들은 길 위의 충격에 버티는 타이어를 만들고자 노력했다. 하지만 타이어는 산산이 조각났다. 그들은 길 위의 충격을 흡수하는 타이어를 다시 만들었고, 타이어는 충격을 '견뎌냈다'. 우리 역시도 충격을 흡수하고 삶의 고난에 맞춰 몸을 편안하게 하는 법을 배운다면, 오랫동안 즐거운 여행을 할 수 있을 것이다.

우리가 인생의 충격을 흡수하지 않고 그에 저항한다면 어떤 일이 벌어질까?

우리가 '버드나무처럼 휘어지길' 거부하고, '떡갈나무처럼 버틴다면'? 답은 간단하다. 그때부터 내적 갈등의 장이 열릴 것이다. 우리는 걱정하고, 긴장하고, 안간힘을 쓰다 신경증에 걸리고 말 것이다.

만일 우리가 여기서 그치지 않고 혹독한 현실 세상을 거부하고 자신이 지은 꿈의 세계로 도망친다면, 우리는 결국 미치고 말 것이다.

전쟁하는 동안, 수백만의 겁에 질린 장병들은 피할 수 없는 일을 받아들이거나, 안간힘을 쓰다 무너져야 했다. 뉴욕주 글렌데일 67번가 7126번지에 사는 윌리엄 H. 캐설리어스의 이야기를 살펴보자. 그는 이 이야기로 나의 수업에서 상을 받기도 했다.

해안 경비대에 입대하고 얼마 되지 않아, 나는 대서양 연안 가운데서도 가장 위험한 곳에 배치되었습니다. 나는 폭발물 감독관이 되었던 겁니다. 비스킷 판매원이었던 제가 폭발물 감독관이라니요! 수천 톤의 TNT 위에 서 있는 상상만으로도, 등에 식은땀이 흘렀습니다.

나는 이틀간의 교육 후 투입되었는데, 교육에서 배운 일은 나를 더욱 겁에 질리게 했습니다. 나는 첫 임무를 절대 잊지 못할 겁니다. 어둡고, 춥고, 안개가 자욱하던 날이었습니다. 나는 뉴저지주 베이온 케번곶의 부두에 있었습니다.

나는 선박의 5번 화물칸에 배치되었고, 5명의 부두 하역부와 함께 일하게 되었습니다. 그들은 튼튼한 허리를 가졌지만, 폭발물에 관해서는 아무것도 몰랐습니다. 그들은 각각 1톤의 TNT가 들어있는 대형 폭탄을 나르고 있었습니다. 폭탄이 하나만 터져도 우리가 타고 있던 낡은 선박을 한 방에 날려버릴 수 있었습니다. 두 줄로 된 케이블을 이용해 폭탄을 내리고 있는 모습을 본 나는, 이렇게 생각했습니다.

'케이블이 한 줄이라도 미끄러지거나 끊어진다면!'

오, 신이시여! 나는 겁에 질려 벌벌 떨었습니다. 입안은 말라버렸고 무릎은 후들거렸습니다. 심장마저 쿵쾅거렸지만 달아날 수는 없었습니다. 그건 곧 탈영을 의미했고 나는 물론 부모님까지 불명예를 입힐 것이었습니다. 무엇보다 탈영하다가는 총살을 당할 수도 있었습니다. 도망칠 수 없었던 나는 결국 남아서 인부들이 조심성 없이 폭탄을 나르는 것을 보고만 있었습니다.

배는 당장이라도 폭발할 수 있었습니다. 그렇게 공포 속에서 한두 시간을 더 떨며 보낸 나는, 조금씩 정신을 차리기 시작했습니다. 그리고 이렇게 생각했습니다.

'이봐, 배가 폭발한다고 쳐. 그래서 뭐 어떡할 거야! 삶이 다 그런 거지! 그 정도면 좋은 죽음이야. 암으로 죽는 것보다는 훨씬 나아. 그러니 바보처럼 굴지 마. 어차피 영원히 살 수도 없을 텐데

말이야! 명령을 수행하든지, 총을 맞든지 해. 피할 수 없다면 즐기라고.'

몇 시간 동안 곰곰이 생각한 나는, 안심하게 되었습니다. 결국 걱정과 두려움을 극복한 나는 피할 수 없는 상황을 받아들이게 된 것이었습니다.

나는 그 교훈을 절대 잊지 못할 겁니다. 바꿀 수 없는 일을 두고 걱정이 시작되려고 할 때면 나는 이렇게 말할 뿐입니다.

"잊어버리자."

예수의 십자가를 제외한 가장 유명한 죽음은 소크라테스의 죽음일 것이다.

지금부터 만 세기가 흐른대도, 사람들은 여전히 플라톤이 쓴 문학 역사상 가장 감동적이고 아름다운 구절인 그날에 관한 불멸의 묘사를 읽고 소중히 간직할 것이다. 맨발의 노장 소크라테스를 시기한 아테나의 일부 시민들이 죄를 조작하여 그가 사형을 선고받도록 했다. 소크라테스에게 우호적이었던 교도소장은 그에게 독약이 든 잔을 내밀며 이렇게 말했다.

"달리 방법이 없다면 담담하게 받아들이십시오."

소크라테스는 그의 말을 따랐다. 그는 침착하게 죽음을 받아들였고 품위를 지켰던 것이다.

"달리 방법이 없다면 담담하게 받아들이십시오."

이 문장은 기원전 399년에 쓰였다. 하지만 그 어느 때보다 걱정스러운 우리의 세상에 필요한 말이 아닐 수 없다.

"달리 방법이 없다면 담담하게 받아들이십시오."

지난 8년간, 나는 사소한 것이라도 걱정을 극복하는 내용이 담긴 모든 책과 잡지를 읽었다. 무수한 연구 끝에 내가 발견한 가장 간단한 충고가 무엇인지 알고자 하는가? 이 3줄짜리 충고를 욕실 거울에 붙여 얼굴을 씻을 때마다 마음속의 모든 걱정도 함께 씻어 내 버리면 어떨까? 값을 매길 수 없는 이 기도문은 뉴욕 브로드웨이 120번가에 있는 유니온 신학교에서 응용 기독교학을 가르치고 있는 라인홀드 니부어 박사가 쓴 것이다.

주여, 제게 바꿀 수 없는 것을 받아들일 평정심을 주시고,
바꿀 수 있는 것을 바꿀 용기를 주시고,
그 둘을 구분할 수 있는 지혜를 주시옵소서.

자신이 얼마나 행복한가는
감사의 깊이에 달려 있다.

-wilds-

오늘도 자신에게 감사한 것이 있다면 무엇이 있을까요?

_____

_____

_____

오늘도 생각나는 감사한 사람이 있다면 누구인가요?

_____

_____

_____

오늘도 감사한 일이 있다면 무엇인가요?

_____

_____

_____

원하는 것을 생각하면서 감사한 마음과 태도로 표현한다면 생각보다 더 빨리 이루어진다.

-wilds-

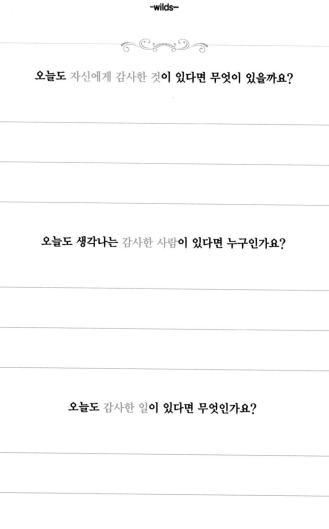

오늘도 자신에게 감사한 것이 있다면 무엇이 있을까요?

오늘도 생각나는 감사한 사람이 있다면 누구인가요?

오늘도 감사한 일이 있다면 무엇인가요?

감사한 마음과 태도는 준비된 우연한 만남을 더 발견하게 한다.
-wilds-

오늘도 자신에게 감사한 것**이 있다면 무엇이 있을까요?**

_____

_____

_____

오늘도 생각나는 감사한 사람**이 있다면 누구인가요?**

_____

_____

_____

오늘도 감사한 일**이 있다면 무엇인가요?**

_____

_____

_____

가치 있고 의미 있는 생각과 실행은 행복을 발견하게 한다.
— wilds —

오늘도 자신에게 감사한 것이 있다면 무엇이 있을까요?

오늘도 생각나는 감사한 사람이 있다면 누구인가요?

오늘도 감사한 일이 있다면 무엇인가요?

감사한 마음과 태도로 100, 100, 100 하다 보면 준비된 우연한 기회를 발견하게 한다.

— wilds —

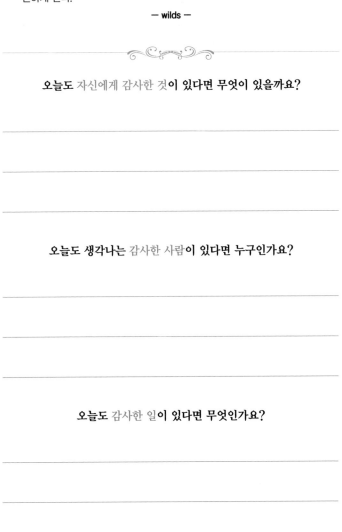

오늘도 자신에게 감사한 것이 있다면 무엇이 있을까요?

오늘도 생각나는 감사한 사람이 있다면 누구인가요?

오늘도 감사한 일이 있다면 무엇인가요?

원하는 삶을 살기 위해 하나씩 하나씩 준비하다 보면 우연한 기회를 발견하게 된다.

—wilds—

오늘도 자신에게 감사한 것이 있다면 무엇이 있을까요?

오늘도 생각나는 감사한 사람이 있다면 누구인가요?

오늘도 감사한 일이 있다면 무엇인가요?

독서는 새 의식, 새 감정, 새 행동을 발견하게 하는 선물이다.

-wilds-

오늘도 자신에게 감사한 것이 있다면 무엇이 있을까요?

오늘도 생각나는 감사한 사람이 있다면 누구인가요?

오늘도 감사한 일이 있다면 무엇인가요?

그림 그리고 글 쓰는 이유는 그것을 사랑하기 때문이다.

— wilds —

오늘도 자신에게 감사한 것이 있다면 무엇이 있을까요?

오늘도 생각나는 감사한 사람이 있다면 누구인가요?

오늘도 감사한 일이 있다면 무엇인가요?

바다가 보고 싶다면 바다에 가면 된다.
바다는 그곳에서 기다리고 있다.
— wilds —

오늘도 자신에게 감사한 것이 있다면 무엇이 있을까요?

_____

_____

_____

오늘도 생각나는 감사한 사람이 있다면 누구인가요?

_____

_____

_____

오늘도 감사한 일이 있다면 무엇인가요?

_____

_____

_____

관심과 사랑 그리고 감사는 사람과의 관계를 지속 가능하게 한다.
— wilds —

오늘도 자신에게 감사한 것이 있다면 무엇이 있을까요?

_____

_____

_____

오늘도 생각나는 감사한 사람이 있다면 누구인가요?

_____

_____

_____

오늘도 감사한 일이 있다면 무엇인가요?

_____

_____

_____

아는 것이 힘일지라도 행동이 따르지 않으면 아무것도 달라지지 않는다.
행복한 성공은 작은 실행으로부터 시작된다.

— wilds —

오늘도 자신에게 감사한 것이 있다면 무엇이 있을까요?

_____

_____

_____

오늘도 생각나는 감사한 사람이 있다면 누구인가요?

_____

_____

_____

오늘도 감사한 일이 있다면 무엇인가요?

_____

_____

_____

사랑은 자신이 이룬 것에 의해서가 아니라 자신 그 자체다.

— wilds —

오늘도 자신에게 감사한 것이 있다면 무엇이 있을까요?

오늘도 생각나는 감사한 사람이 있다면 누구인가요?

오늘도 감사한 일이 있다면 무엇인가요?

돈과 사업 그리고 사람과의 관계를 지속 가능하게 하는 것 중 하나는 감사한 마음을 가지면서 감당할 수 있을 만큼 나눔을 실행하는 것이다.

— wilds —

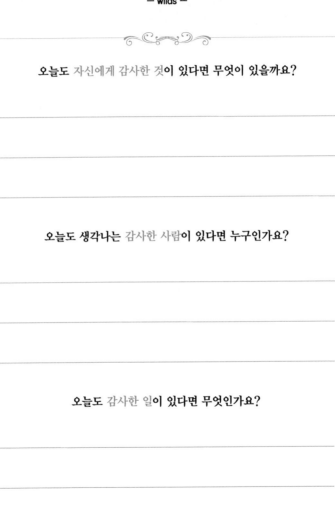

오늘도 자신에게 감사한 것이 있다면 무엇이 있을까요?

오늘도 생각나는 감사한 사람이 있다면 누구인가요?

오늘도 감사한 일이 있다면 무엇인가요?

경계는 경계를 생각하는 사람들의 소유이다.

— wilds —

오늘도 자신에게 감사한 것이 있다면 무엇이 있을까요?

오늘도 생각나는 감사한 사람이 있다면 누구인가요?

오늘도 감사한 일이 있다면 무엇인가요?

무엇인가를 성취하는 최선의 방법은 생각하고 실행하는 것이다.
— wilds —

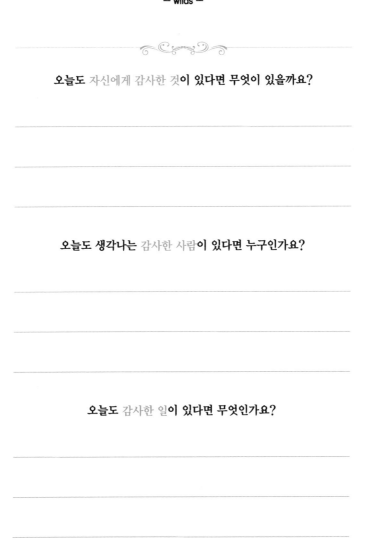

오늘도 자신에게 감사한 것이 있다면 무엇이 있을까요?

오늘도 생각나는 감사한 사람이 있다면 누구인가요?

오늘도 감사한 일이 있다면 무엇인가요?

행복한 성공의 시작은 자신의 약점을 극복하려 하기보다는 자신의 타고난 강점을 강화함으로써 탁월함을 추구하는 것이다.

— wilds —

오늘도 자신에게 감사한 것이 있다면 무엇이 있을까요?

오늘도 생각나는 감사한 사람이 있다면 누구인가요?

오늘도 감사한 일이 있다면 무엇인가요?

날고 싶다면 왜 날아야 하는지 생각하고 날기 위해 필요한 것이 무엇인지
준비해야 한다.

— wilds —

오늘도 자신에게 감사한 것**이 있다면 무엇이 있을까요?**

오늘도 생각나는 감사한 사람**이 있다면 누구인가요?**

오늘도 감사한 일**이 있다면 무엇인가요?**

우리는 모두 연결되어 있다. 관심 있는 것을 알아가는 것, 하고 싶은 것을 알아가는 것, 어제의 나를 있는 그대로 받아들이면서 오늘의 나를 사랑하는 것 또한 배움을 통해 더 잘 알아간다.

— wilds —

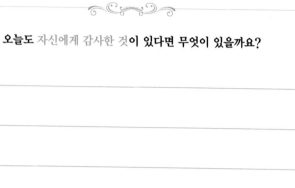

오늘도 자신에게 감사한 것이 있다면 무엇이 있을까요?

오늘도 생각나는 감사한 사람이 있다면 누구인가요?

오늘도 감사한 일이 있다면 무엇인가요?

사람의 마음은 틀린 게 아니라 다른 것이다.

— wilds —

오늘도 자신에게 감사한 것**이 있다면 무엇이 있을까요?**

_____

_____

_____

오늘도 생각나는 감사한 사람**이 있다면 누구인가요?**

_____

_____

_____

오늘도 감사한 일**이 있다면 무엇인가요?**

_____

_____

_____

자신을 찾아 떠나는 여행은 돈과 사업 그리고 사람과의 관계를 지속 가능
하게 한다.

— wilds —

오늘도 자신에게 감사한 것이 있다면 무엇이 있을까요?

오늘도 생각나는 감사한 사람이 있다면 누구인가요?

오늘도 감사한 일이 있다면 무엇인가요?

사람은 한 사람 한 사람 소우주이다. 책은 소우주의 생각을 담은 별이다.
오늘도 자신의 별을 찾아 떠나는 여행을 한다.

— wilds —

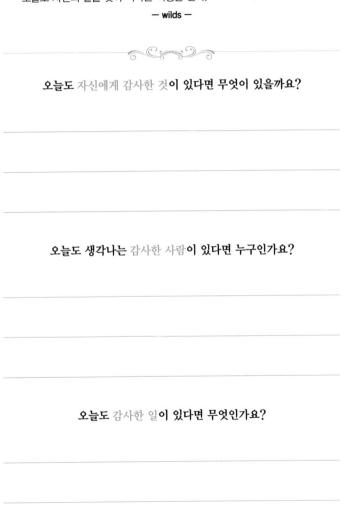

오늘도 자신에게 감사한 것이 있다면 무엇이 있을까요?

오늘도 생각나는 감사한 사람이 있다면 누구인가요?

오늘도 감사한 일이 있다면 무엇인가요?

감사한 마음과 태도로 서로 가진 것을 나누면 쉽고 재미있게 사람과의 관계가 지속 가능하다.

— wilds —

오늘도 자신에게 감사한 것이 있다면 무엇이 있을까요?

오늘도 생각나는 감사한 사람이 있다면 누구인가요?

오늘도 감사한 일이 있다면 무엇인가요?

평생학습은 정신적 풍요와 물질적 풍요를 발견하게 하는 탁월한 방법 중 하나이다.

― wilds ―

오늘도 자신에게 감사한 것이 있다면 무엇이 있을까요?

오늘도 생각나는 감사한 사람이 있다면 누구인가요?

오늘도 감사한 일이 있다면 무엇인가요?

감사일기의 기적

여러분은 매일 감사일기를 쓰고 있나요?

나는 감사일기를 쓰면 감사할 일이 많아진다는 친구의 말만 믿고 감사일기를 쓰기 시작했어요. 사실 감사일기를 쓰면 좋다는 건 아는데 혼자서 쓰다 보니 쓰다 말기를 반복하게 되더라고요. 의심 많고 걱정이 많은 성격이라 늘 부정적인 감정에 빠져서 힘든 인생을 살아가던 여자였죠.

그런데 우연한 기회에 WILDS 감사일기 쓰기 노트를 알게 되었어요. 혼자 쓰는 감사일기가 아니라 맘스타님과 함께 쓰는 감사일기라고 해서 호기심이 발동한 거죠. 맘스타님은 '감사일기 쓰기를 하면 좋으니까 좋은 건 함께 하고 싶으니까!'라는 감사 철학을 가진 분이죠. WILDS 감사 노트로 연결된 감사님들과 함께 매일 카카오 오픈 채팅방에 감사일기 쓴 걸 인증을 하는 감사 루틴을 만들어가고 있어요.

WILDS 감사일기 노트엔 3칸의 감사 공간이 있어요. 나에게 감사하기, 감사한 사람에게 감사하기, 감사한 일에 감사하기.

나는 감사일기 쓰기를 하기 전 감사 명상 음악을 들으면서 잠시 눈을 감고 1분 감사 명상을 해요. 내가 나에게 주는 선물인 거죠.

오늘 나에게 감사한 일이 뭐가 있었지?
오늘도 생각나는 감사한 사람은 누가 있었지?
오늘도 감사한 일이 있다면 뭐가 있었을까?

그렇게 감사한 생각을 하다 보면 힘들고 지쳤던 마음이 사르르 풀리는 것 같았어요. 감사 루틴으로 마음 문을 열고 WILDS 감사일기 쓰기 노트에 감사일기를 작성해요. 그렇게 매일 나를 위한 감사 시간을 나에게 선물해주다 보니 일상이 감사한 사람으로 변해가더라고요.

감사일기를 매일 쓰고 달라진 점이 있다면 하루 24시간 중 10분은 감사한 마음과 태도로 나를 돌아보는 시간을 나에게 선물해주는 사람이 되었다는 것이죠. 한 가지 더 달라진 건 내 주변에 감사할 사람이 많아졌다는 겁니다. 감사일기 쓰기 기적은 내가 매일 감사일기를 쓰고 있다는 것이고, 누군가에게 내가 알고 있는 것을 재능 기부할 수 있게 되었다는 것이에요.

내가 원하는 삶을 구체적으로 상상하고 내가 상상하는 사람이 되기 위해 매일 보고 듣고 느끼고 배우기를 즐기며 주변에 선언하고 감사한 마음을 나누는 삶을 살아가는 WILDS가 되어 나에게 감사하고 나와 함께 하는 모든 사람에게 감사하며 잘 늙어가고 싶어요

Want – 간절하게 원하라

Imagine – 구체적으로 상상하라

Learn – 즐겁게 배워라

Declare – 선언하라

Share – 감사한 마음으로 나누어라

wilds

The gratitude Diary

감사일기

문혜숙

감기에 걸려도 우리는 감사할 수 있습니다.

사건 사고에도 우리는 감사의 제목을 찾아낼 수 있지요.

일상이 지치거나 힘들어도

기적처럼 행복으로 변화시켜버리는 감사일기 만세

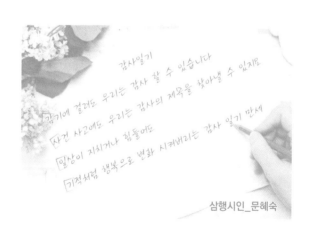

삼행시인_문혜숙

Want

자신이 죽기 전까지 이루기를 원하는
10가지가 있다면 어떤 것들이 있을까요?

행복한 성공

장미는

장미다운 모습 그대로 살아가고 있다.

잎이 풍성한 빨간 장미는

그 모습 그대로 빛나고

햇볕을 덜 받아

잎이 작고 엷은 분홍빛 장미 또한

잎이 풍성한 빨강 장미 옆에 있다고 해서

기죽지 않는다.

빨간 장미는

빨간 장미 그 모습 그대로

사랑받고

분홍 장미는

분홍 장미의 그 모습 그대로의 아름다움으로

사랑받으며

삶을 살아가는 것이다.

사람들도 환경과 상황이 모두 다르다.

어떤 삶을 살든지 자기만의

색깔을 가지고

있는 그대로 살아가는 모습이 아름답다.

행복한 성공은

있는 그대로의 자신을 받아들이며

포기하지 않고 한 발자국씩 내딛는

그 순간 순간이다.

       −wilds−

인생을 바꾸는 한 문장

지금으로부터 몇 년 전, 나는 한 라디오 방송에 출연해 다음과 같은 질문에 답을 하게 되었다.

"인생에서 얻은 가장 큰 교훈은 무엇입니까?"

답은 쉬웠다. 단언컨대, 내가 살면서 얻은 가장 중요한 교훈은 생각의 중요성이다. 당신이 무슨 생각을 하는지 알 수 있다면, 당신이 누군지도 알 수 있을 것이다. 우리의 생각은 곧 우리가 된다. 우리의 마음가짐은 우리의 운명을 결정짓는 미지의 요인이다. 에머슨은 이렇게 말했다.

"자신이 종일 생각하는 바로 그것이 곧 자신이다."

그게 아니면 무엇이겠는가?

나는 당신과 내가 해결해야 하는 유일한 문제가 다름 아닌 올바른 생각을 하는 것이라는 걸 확신한다. 우리가 생각을 정할 수 있다면, 문제를 해결하기 위한 가장 확실한 길을 찾은 것이나 다름없다. 로마 제국을 통치했던 위대한 철학자 마르쿠스 아우렐리우스는 우리의 운명을 결정짓는 것을 한 문장으로 요약했다.

"우리의 생각이 곧 우리의 삶을 이룬다."

맞다. 우리가 행복한 생각을 한다면 우리는 행복할 것이다. 우리가 비참한 생각을 한다면 우리는 비참해질 것이고, 아마 병을 얻을 것이다. 우리가 실패를 생각한다면, 우리는 아마 실패할 것이다. 우리가 자기 연민에 빠져있다면, 모두가 우리를 피할 것이다.

인생은 그렇게 단순하지 않다. 나는 우리가 부정적인 태도보다는 긍정적인 태도를 취해야 한다고 주장하고자 한다. 달리 말하면, 우리는 문제를 걱정하는 것이 아닌 문제에 올바른 관심을 기울여야 한다. 그렇다면 관심과 걱정의 차이는 무엇일까? 예를 들어보자.

나는 뉴욕 거리의 교통체증을 볼 때마다 내가 하는 일을 떠올리지만 걱정하지는 않는다. 관심을 가진다는 것은 곧 문제를 파악하고 침착하고 순리에 맞게 그것을 마주하는 것을 의미한다. 걱정한다는 것은 사람을 미치게 만드는 부질없는 굴레 속에서 헤매는 것을 의미한다.

사람은 중대한 문제에 관심을 기울이면서도 턱을 들고 가슴에 카네이션을 꽂은 채 길을 거닐 수 있다. 나는 로웰 토머스가 그리하는 것을 본 적이 있다. 세계 1차 대전의 알렌비 로렌스 작전을 배경으로 한 그의 유명한 영화를 소개하는 자리에서 그를 만난 적이 있다. 그와 그의 동료들은 전선 6곳에서 촬영을 진행했다. 그들은 T. E. 로렌스와 그의 화려한 아라비안 군대를 찍은 사진과 팔레스타인 정복 영상을 가지고 돌아왔다. 그의 '팔레스타인의 알렌비 그리고 아라비아의 로렌스와 함께'라는 제목의 강연은 런던을 비롯한 전 세계에서 선풍적 인기를 끌었다. 그의 인기로 런던 오페라 시즌은 6주나 연기되었고, 그는 계속해서 코번트 가든 왕립 오페라 극장에서 전시를 이어가며 자신이 겪은 굉장한 모험을 나눌 수 있었다. 런던 외에도 많은 나라에서 세상을 놀라게 한 성공이 뒤따랐다. 그 후로 그는 인도와 아프가니스탄에서 영화 촬영을 준비하기 위해 2년을 보냈다. 하지만 절대 일어날 수 없을 것 같은 극심한 불행이 연달아 일어나고 말았다. 그는 파산한 채 런던으로 돌아왔다. 내가 그를 만난 건 그 당시였다.

우리는 싸구려 식당에서 싸구려 음식을 먹었다. 그마저도 스코틀랜드 출신의 저명한 예술가인 제임스 맥베이가 돈을 빌려주지 않았다면 가능하지 않을 일이었다. 이 이야기의 요점은 여기에 있다.

로웰 토머스는 엄청난 빚과 끔찍한 절망에 시달리면서도 걱정하지 않았다. 대신 그는 올바른 관심을 기울였다. 그는 만일 실패에 압도된다면, 채권자를 비롯한 모두에게 가치 없는 인간으로 비

췰질 것이라는 걸 알고 있었다. 그래서 그는 매일 아침 꽃 한 송이를 사서 옷의 단추 구멍에 끼운 뒤 몸을 흔들며 고개를 빳빳이 세운 채, 기백이 넘치는 태도로 옥스퍼드가를 거닐었다. 그는 긍정적이고 당당한 생각으로 머리를 채웠으며 패배에 굴복당하는 것을 거부했다. 그에게 있어 실패는 게임의 일부일 뿐이었다. 최고의 자리에 오르기 위해 필요한 일종의 연습 같은 것으로 생각했다.

우리의 마음가짐은 물리적 힘에도 놀라운 효과를 보인다. 저명한 영국의 정신과 의사 J. A. 해드필드는 아주 인상적인 자신의 저서 '힘의 심리학'에서 놀라운 예시를 들고 있다. 그는 이렇게 설명했다.

"나는 세 명의 남자에게 암시가 힘에 미치는 효과에 관한 테스트를 제안하였다. 악력계를 이용해서 악력을 측정하는 방식이었다."

그는 참가자들에게 온 힘을 다해 악력계를 쥘 것을 요구하되, 세 가지 다른 조건을 두었다.

일반적인 상황에서 테스트해보았을 때, 평균 악력은 45kg이었다.

그가 참가자들에게 그들의 힘이 매우 약하다고 최면을 걸었을 때, 그들의 악력은 겨우 13kg에 그쳤다. 원래의 힘에 3분의 1도 미치지 못하는 수치였다. (참가자 중 한 명은 프로 권투선수였는데, 그의 힘이 매우 약하다는 최면에 걸렸을 때, 그는 자신의 팔이 '아이의 것처럼 작게' 느껴졌다고 말했다.)

세 번째 시도 때, 해드필드는 참가자들에게 그들이 매우 강하다고 최면을 걸었다. 그러자 평균 악력은 64kg까지 올라갔다. 긍정적인 사고를 품자, 실제로 물리적인 힘이 500%까지 증가한 것이었다.

마음가짐은 그렇게 엄청난 힘이 있다.

이런 변화를 겪은 사람이 또 한 명 있다.

미네소타주 세인트폴 웨스트 아이다호가 2496번지에 주소를 둔 프랭크 J. 웨일리의 이야기다. 그는 신경쇠약을 앓고 있었다. 무엇이 신경쇠약을 가져왔을까? 바로 걱정이다. 프랭크 웨일리는 내게 이런 이야기를 들려주었다.

나는 모든 것을 걱정했습니다. 나는 너무 말라서, 탈모가 있다고 생각해서, 결혼 자금을 마련하지 못할 거라고 생각해서, 좋은 아버지가 될 수 없다고 생각해서, 결혼하고 싶은 여자를 놓칠까 두려워서, 좋은 삶을 살고 있지 않다고 느껴서 걱정했습니다.

사람들에게 보이는 모습을 걱정했고, 위궤양이 생겼다고 생각해서 걱정했습니다. 그리고 더는 일할 수 없었기에 일을 포기했습니다. 안전 잠금장치가 없는 보일러처럼 내부에는 긴장이 쌓였고, 압박감을 견디지 못하고 결국 터져버렸습니다. 신경쇠약에 걸린

적이 없다면, 신께 앞으로도 그럴 일이 없도록 기도하십시오. 괴로운 마음이 주는 고통만큼 극심한 신체적 고통은 없으니까요.

내가 겪은 신경쇠약은 그 강도가 너무 심해, 나는 가족에게조차 말을 할 수 없었습니다. 나는 생각을 통제할 수 없었고 두려움으로 가득 채워졌습니다. 아주 작은 소음에도 경기를 일으켰습니다. 제대로 된 이유 없이도 눈물을 터뜨리고는 했었지요.

하루하루가 괴로움의 연장이었습니다. 나는 신을 포함한 모두에게 버림받은 것처럼 느꼈습니다. 강물에 뛰어들어 모든 것을 끝내버리고 싶었습니다.

나는 플로리다로 향했습니다. 환경을 바꾸면 도움이 될 것으로 생각한 것이지요. 기차에 올라탈 때, 아버지는 편지 한 장을 내밀며 플로리다에 도착할 때까지 열어보지 말라고 당부했습니다.

성수기에 도착한 플로리다에서는 호텔 방조차 구할 수 없었습니다. 나는 차고에 딸린 침실을 빌렸습니다. 마이애미에서 출발하는 부정기선에 취직하려 했지만, 운이 따라주지 않았습니다. 나는 해변에 누워 시간을 보냈습니다. 집에서나 그곳에서나 비참하긴 매한가지였습니다. 나는 아버지가 쓴 편지 봉투를 뜯었습니다. 편지에는 이렇게 적혀있었습니다.

"아들아, 너는 집으로부터 2,400km나 떨어져 있지만 그리 달라진 건 없을 것이다. 그렇지 않니? 모든 문제의 근원인 네 자신을 데려갔으니, 그럴 만도 하다. 네 몸과 마음에는 아무런 문제가 없다. 네가 마주한 상황이 너를 곤경에 빠뜨린 것도 아니다. 네가 상황을 대하는 마음가짐이 문제인 것이란다. '우리는 우리가 생각하는 바로 그 존재다.' 이걸 깨달았을 때, 아들아, 집에 돌아오렴. 너는 치유돼있을 것이니까."

나는 아버지의 편지에 분노했습니다. 나는 훈계가 아닌 지지를 필요로 했으니까요. 나는 너무도 화가 난 나머지 다시는 집으로 돌아가지 않으리라 생각했습니다. 그날 밤, 나는 마이애미의 골목길을 걷다 미사가 한창인 교회에 다다르게 되었습니다. 갈 곳이 없었던 나는 예배에 참여해 설교를 들었습니다. 설교의 내용은 이런 것이었습니다.

'자신의 마음을 정복한 자는 도시 하나를 정복한 자보다 더 강하다.'

주님의 신성한 집에 앉아 아버지가 편지에 적은 글과 똑같은 이야기를 듣고 있자니, 머릿속의 모든 쓰레기가 씻겨나가는 듯했습니다. 나는 난생처음으로 명확하고 합리적인 생각을 할 수 있게 되었습니다. 나는 내가 얼마나 어리석었는지 깨달았습니다. 내가 그동안 세상은 물론 모든 사람이 바뀌는 것을 원해왔다는 사실을 깨닫고 큰 충격을 받았습니다. 유일하게 필요한 것은 마음의 초점을 바꾸는 것이 전부였는데도 말입니다.

다음 날, 나는 짐을 싸서 집으로 돌아갔습니다. 일주일 후, 나는 일터로 복귀했습니다. 그로부터 4개월 후, 나는 잃을까 두려워했던 여자와 결혼식을 올렸고, 우리는 어느덧 5명의 아이를 가진 행복한 가정을 꾸리고 있습니다. 신은 물질적으로나 정신적으로나 나를 너그럽게 대해주었습니다. 신경쇠약에 걸렸을 당시 나는 18명이 속한 작은 부서의 감독관으로 일했습니다. 지금의 나는 상자 제조사의 관리자로 일하며 450명의 직원을 관리합니다. 삶은 그 어느 때보다 충만하고 평온합니다. 이제 나는 인생의 진정한 가치를 이해하게 되었습니다. (누구의 인생에나 일어날 수 있는) 근심이 찾아올 때면, 나는 마음의 초점을 바로잡습니다. 그러면 모든 일이 잘 풀리게 됩니다.

솔직히 말하면 그 신경쇠약에 걸린 것을 다행이라 생각합니다. 우리의 몸과 마음을 지배하는 생각의 힘을 깨닫게 되었기 때문입니다. 내 머릿속의 생각들은 나를 적대시하는 것이 아닌, 나를 위해 움직입니다. 이제는 아버지가 외부적 환경이 아닌 내적 환경이 고통의 근원이라고 했던 말을 이해하게 되었습니다. 그걸 깨닫는 순간 나는 치유되었고, 더는 아프지 않았습니다.

나는 삶으로부터 얻는 우리 마음의 평화와 기쁨이 우리가 어디에 있는지, 무엇을 가졌는지, 누구인지에 따라 달라지는 것이 아닌 오직 우리의 마음가짐에 달려 있다고 전적으로 믿고 있다. 외부적 환경의 영향은 크지 않다.

밀턴은 다음과 같은 진리를 지금으로부터 300년 전, 두 눈이

71

보이지 않는 상태에서 깨달았다.

마음은 곧 공간이다. 그 공간은 지옥도 천국이, 천국도 지옥이 될 수 있다.

나폴레옹과 헬렌 켈러는 이 글의 완벽한 예시가 되어주었다.

나폴레옹은 인간이라면 누구나 갈망하는 영광, 힘, 부를 모두 가졌음에도 언젠가 세인트 헬레나에게 이렇게 말한 적 있다.

"내 인생에서 행복한 날은 6일도 되지 않는다."

하지만 헬렌 켈러는 달랐다. 그녀는 눈이 보이지 않고, 말을 할 수 없고, 귀가 들리지 않는 상태에서도 이렇게 말했다.

"인생은 아름답다."

반세기를 살면서 내가 얻은 교훈이 있다면, '마음의 평화를 가져다줄 수 있는 건 자기 자신뿐'이라는 것이다.

사실 이것은 에머슨의 수필 '자기 신뢰'의 마지막 장에서 나온 말이다.

"정치적 승리, 임대료 인상, 병의 완치, 멀리 떠났던 친구의 방문과 같은 외적인 사건은 당신의 기운을 돋울 수 있고, 좋은 날들이 올 것으로 생각하게 만들 수는 있다. 하지만 그것에 속지 마라. 마음의 평화를 가져올 수 있는 것은 당신 자신뿐이다."

윌리엄 제임스는 우리가 '마음을 먹는다고 해서' 우리의 감정을 즉각적으로 변화시킬 수는 없지만, 우리의 행동을 변화시킬 수 있다는 것을 알려주고 있다. 그리고 우리가 행동을 바꾼다면, 자동적으로 기분도 바꿀 수 있게 될 것이다.

그는 이렇게 덧붙인다.

"따라서, 즐겁지 않을 때 즐거운 기분을 만드는 최고의 방법은, 마치 실제로 기쁜 일이 있는 것처럼 자리에서 벌떡 일어나 즐거운 행동과 언행을 하는 것이다."

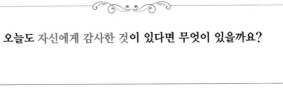

있는 그대로 감사하며 받아들일 때 머리는 맑아지고 가슴은 따뜻해지며
장은 편안해진다.

— wilds —

오늘도 자신에게 감사한 것이 있다면 무엇이 있을까요?

_____

_____

_____

오늘도 생각나는 감사한 사람이 있다면 누구인가요?

_____

_____

_____

오늘도 감사한 일이 있다면 무엇인가요?

_____

_____

_____

자신의 생각을 표현한 작가는 더 사랑받을 수 있다.
— wilds —

오늘도 자신에게 감사한 것이 있다면 무엇이 있을까요?

_____

_____

_____

오늘도 생각나는 감사한 사람이 있다면 누구인가요?

_____

_____

_____

오늘도 감사한 일이 있다면 무엇인가요?

_____

_____

_____

살아있는 모든 것은 시간과 공간의 차이만 있을 뿐 서로서로 연결되어 있다.

— wilds —

오늘도 자신에게 감사한 것이 있다면 무엇이 있을까요?

오늘도 생각나는 감사한 사람이 있다면 누구인가요?

오늘도 감사한 일이 있다면 무엇인가요?

나는 내일도 어제의 나를 만난다.

— wilds —

오늘도 자신에게 감사한 것**이 있다면 무엇이 있을까요?**

_____

_____

_____

오늘도 생각나는 감사한 사람**이 있다면 누구인가요?**

_____

_____

_____

오늘도 감사한 일**이 있다면 무엇인가요?**

_____

_____

_____

사랑은 전염된다. 사랑은 계속해서 퍼져나간다.

— wilds —

오늘도 자신에게 감사한 것이 있다면 무엇이 있을까요?

_____

_____

_____

오늘도 생각나는 감사한 사람이 있다면 누구인가요?

_____

_____

_____

오늘도 감사한 일이 있다면 무엇인가요?

_____

_____

_____

세상의 경이로움에 마음의 눈을 여는 지금 이 순간 열정으로 충만해진다.
— wilds —

오늘도 자신에게 감사한 것이 있다면 무엇이 있을까요?

오늘도 생각나는 감사한 사람이 있다면 누구인가요?

오늘도 감사한 일이 있다면 무엇인가요?

자신의 집착과 두려움 속에 갇혀 있을수록 자신이 하던 방식대로 삶을 살아가며 자신 스스로를 한정시킨다.

— wilds —

오늘도 자신에게 감사한 것이 있다면 무엇이 있을까요?

오늘도 생각나는 감사한 사람이 있다면 누구인가요?

오늘도 감사한 일이 있다면 무엇인가요?

서로서로의 강점을 인정하면서 있는 그대로 받아들이면 정신적 풍요와 물질적 풍요를 더 발견하게 된다.

— wilds —

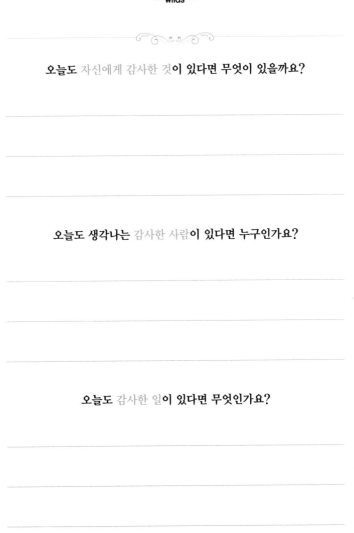

오늘도 자신에게 감사한 것**이 있다면 무엇이 있을까요?**

오늘도 생각나는 감사한 사람**이 있다면 누구인가요?**

오늘도 감사한 일**이 있다면 무엇인가요?**

사랑하는 사람들의 눈동자에 자신의 모습이 많아졌으면 좋겠다고 생각한
오늘도 감사한다.

— wilds —

오늘도 자신에게 감사한 것이 있다면 무엇이 있을까요?

오늘도 생각나는 감사한 사람이 있다면 누구인가요?

오늘도 감사한 일이 있다면 무엇인가요?

누구나 한 편의 시를 자신의 가슴속에 간직하고 있다.

— wilds —

오늘도 자신에게 감사한 것이 있다면 무엇이 있을까요?

오늘도 생각나는 감사한 사람이 있다면 누구인가요?

오늘도 감사한 일이 있다면 무엇인가요?

인간만 느끼는 스트레스 중 하나는 잘살고 있는데도 더 잘살고 싶은 데에 있다.

— wilds —

오늘도 자신에게 감사한 것이 있다면 무엇이 있을까요?

_____

_____

_____

오늘도 생각나는 감사한 사람이 있다면 누구인가요?

_____

_____

_____

오늘도 감사한 일이 있다면 무엇인가요?

_____

_____

_____

감사한 마음과 태도는 반복되는 일상 속에서도 작은 행복들을 발견하게 한다.

— wilds —

오늘도 자신에게 감사한 것이 있다면 무엇이 있을까요?

오늘도 생각나는 감사한 사람이 있다면 누구인가요?

오늘도 감사한 일이 있다면 무엇인가요?

어떤 삶을 만들어나갈 것인가는 자신의 선택에 달려 있다.

— wilds —

오늘도 자신에게 감사한 것이 있다면 무엇이 있을까요?

오늘도 생각나는 감사한 사람이 있다면 누구인가요?

오늘도 감사한 일이 있다면 무엇인가요?

생각하고 움직이다 보면 준비된 우연한 기회를 만나게 된다.

— wilds —

오늘도 자신에게 감사한 것이 있다면 무엇이 있을까요?

_____

_____

_____

오늘도 생각나는 감사한 사람이 있다면 누구인가요?

_____

_____

_____

오늘도 감사한 일이 있다면 무엇인가요?

_____

_____

_____

우리는 매일 자신이 선택한 삶을 살고 있다.
— wilds —

오늘도 자신에게 감사한 것이 있다면 무엇이 있을까요?

_____

_____

_____

오늘도 생각나는 감사한 사람이 있다면 누구인가요?

_____

_____

_____

오늘도 감사한 일이 있다면 무엇인가요?

_____

_____

_____

책과 그림을 사고파는 것도 함께하는 예술이다.

— wilds —

오늘도 자신에게 감사한 것이 있다면 무엇이 있을까요?

_____

_____

_____

오늘도 생각나는 감사한 사람이 있다면 누구인가요?

_____

_____

_____

오늘도 감사한 일이 있다면 무엇인가요?

_____

_____

_____

자신의 의미와 가치를 발견하는 여정, 있는 그대로 받아들이면 사람과의 관계가 더 지속 가능하다.

— wilds —

오늘도 자신에게 감사한 것이 있다면 무엇이 있을까요?

_____

_____

_____

오늘도 생각나는 감사한 사람이 있다면 누구인가요?

_____

_____

_____

오늘도 감사한 일이 있다면 무엇인가요?

_____

_____

_____

서로서로의 강점을 인정하고 있는 그대로 받아들이며 협력하면 물질적,
정신적 풍요를 더 발견하게 된다.

— wilds —

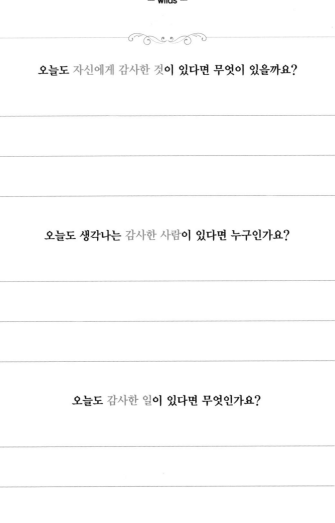

오늘도 자신에게 감사한 것이 있다면 무엇이 있을까요?

오늘도 생각나는 감사한 사람이 있다면 누구인가요?

오늘도 감사한 일이 있다면 무엇인가요?

순간순간 있는 그대로 받아들이며 최선을 다하다 보면 어느 순간 행복을
발견하게 된다.

— wilds —

오늘도 자신에게 감사한 것이 있다면 무엇이 있을까요?

오늘도 생각나는 감사한 사람이 있다면 누구인가요?

오늘도 감사한 일이 있다면 무엇인가요?

감사는 자신이 사랑했던 모든 순간을 나누는 것이다.

— wilds —

오늘도 자신에게 감사한 것이 있다면 무엇이 있을까요?

오늘도 생각나는 감사한 사람이 있다면 누구인가요?

오늘도 감사한 일이 있다면 무엇인가요?

기록은 역사이며 성공으로 나아가는 길

차영호

감사의 정의

감사일기를 쓰면서 좋았던 사례를 써달라는 부탁을 받았다.

특별히 글을 잘 쓰면 감사일기장을 만드는 데에 실린단다. 글을 잘 쓰는 것은 아니지만 혹시나 내 글이 감사일기를 쓰는 많은 사람에게 읽힌다는 상상을 해보니 한번 도전해 보고 싶은 마음에 허락했다. 그동안 바쁘다는 핑계로 글을 쓰는 것을 미뤄왔는데 1차 마감일이 지나고 2차 마감일을 코앞에 두고 글을 써야 한다는 약간의 강박감을 느끼며 감사에 대해서 생각을 해보기 시작했다.

먼저 감사란 무엇일까? 사전에서는 어떻게 표현하고 있는지 궁금하여 찾아보았다.

감사 1. 고마움을 나타내는 인사. 2. 고맙게 여김. 또는 그런 마음. 이렇게 표현하고 있다.

처음 'WILDS 감사일기' 쓰기를 권유받았을 때가 생각이 난다.

인스타그램을 하면서 많은 사람이 감사일기를 작성하는 것을 보고 있었다. 그러는 와중에 친절한 봉쌤 이봉선 선생님으로부터 감사일기를 써보는 것은 어떠냐는 제안이 들어왔다. MKYU 학생이기도 하고 인스타그램 친구이기도 한 이봉선 선생님으로부터 제안이 왔을 때 크게 망설임 없이 쓰겠다고 선뜻 허락했다.

사실은 감사일기 180일을 작성하면 유명 작가님의 선물을 준다는 말에 솔깃해서 시작하였다. 물론 왜 이런 일을 하실까, 크게 돈을 벌기 위한 수단은 아닌 듯한데 선물까지 줘 가면서 감사일기를 쓰게 할 이유가 있을까 하는 생각도 들었지만 나는 감사일기 쓰기에 관심이 있었고, 인스타그램에서 자주 보던 선생님이 제안했고, 몇 번의 끈기 프로젝트 100일 미션을 몇 번 성공해 본 적이 있기에 180일 도전도 한번 해볼 만하다는 생각이 들어 시작하게 되었다.

어려서부터 시골 장로 교회를 다니면서 성경과 예수님에 대해서 배우고 성경을 읽는 일을 하면서 감사에 대해서 많이 들어왔었다.

데살로니가전서 5장 16~18절에는 항상 기뻐하라 쉬지 말고 기도하라. 범사에 감사하라. 이는 그리스도 예수 안에서 너희를 향하신 하나님의 뜻이니라.

빌립보서 4장 6절 아무것도 염려하지 말고 오직 모든 일에 기도와 간구로, 너희 구할 것을 감사함으로 하나님께 아뢰라.

골로새서 4장 2절에는 기도를 항상 힘쓰고 기도에 감사함으로 깨어 있으라.

이 외에도 수도 없이 많은 성경절을 통해 감사하고는 메시지를 계속해서 보내고 있었다.

세상을 살다 보니 여러 가지 어려운 점들에 봉착하게 되고 현실에 집중하며 살다 보니 우리 입에서는 어느새 불평불만의 싹이 터서 쉽게 불만을 토로하고 욕을 하게 되는 일들이 어렵지 않게 접하게 되는 일이 되었다.

그럼에도 불구하고 성경에서는 범사에 감사하라고 가르치신다. 그 자세한 의미를 구체적인 방법으로 설명하고 있지 않지만 감사의 중요성을 강조하고 있다.

도전 감사일기 180일

WILDS 감사일기를 쓰기로 하고 봉 쌤님이 감사일기장을 보내주셨는데 작년 12월 한창 택배사 파업 기간이라 아무리 기다려도 오지 않아 재차 신청하여 받았다. 그리고 곧이어서 1월에 숨어있던 택배가 도착하여 두 권이 되어 한 권은 나누기로 하고 감사일기를 쓰기 시작했다.

시작하여 중간에 연속 쓰기에 실패, 재도전하여 180일 쓰기에 성공을 하고 현재는 308일째 감사일기를 쓰고 있다. 인증 180일을 마치고 '용기' 액자를 받았을 때의 기쁨은 말로 설명하기 어렵다.

감사일기장을 쓰는 것이 목적이 아니고 진짜 하루를 보내면서 하루 중 감사한 일을 기록하는 것이 목적이라 자정을 넘어 작성하고 인증하기에 참 여러 번이 있었다.

처음엔 물론 일기장 쓰는 재미에 잘 기록할 수 있었지만 어느 정도 익숙할 때쯤 여러 가지 바쁜 일상으로 매일 반복되면서 정말 감사한 일도 없는 듯하다는 경험을 많이 하게 되는 예도 있었다. 그러면 머리를 쥐어짜듯 하루를 살펴보면서 정말 감사한 일이 없었는지 자세히 하루를 뒤돌아볼 수 있는 시간을 보내게 되었다.

인간은 현재 상황에 적응하며 사는 데 귀재인 것 같다. 우리는 매사에 편안한 생활을 하다 보면 불편한 경험을 하지 않기 때문에 일상의 소중함을 깨닫는 것을 쉽게 잃어버린다.

하지만 조금이라도 건강을 잃으면 건강한 것이 얼마나 소중한 것이라는 것을 쉽게 알게 된다.

우리 몸은 아주 작은 눈에 보이지 않은 가시가 박혀도 아주 불편함을 느낀다. 그러나 평소에 건강하여 불편함을 느끼지 않을 때는 건강의 소중함을 잘 느끼지 못한다. 그만큼 쉽게 잃어버리기 때문이다. 평소에 불편함이 없다는 그 자체가 우리에게 엄청 복을 받는 시기이기도 하다.

인간은 누구나 부정적 요소에 크게 반응하기 쉽다. 어쩌면 원시시대부터 생존하기 위한 최고의 생존전략이 남을 쉽게 믿지 않고 의심하며 살아가는 것이 생명을 유지하기에 유리한 위치에 있었기 때문에 지금까지도 나도 모르게 부정적인 것에 더 빠른 반응을 하게 되는 것이다.

감사일기를 쓰면서 여러 번의 의문점도 많이 있었지만 이제는 전혀 의심하지 않게 되었다.

제임스 클리어가 쓴 '아주 작은 습관의 힘'에 따르면 우리의 미래는 아주 작은 습관에 의해 결정된다고 설명하고 있다. 하루 1%씩만 바뀌어도 변화는 아주 미미하지만, 그것을 1년 동안 반복한다면 원래 시작할 때보다 무려 37배만큼이나 성장한다는 이야기이다.

하루 1%는 정말 아주 작은 부분이라 눈에 잘 보이지도 않고 사소해 보이기 때문에 많은 사람이 간과하기 쉬우므로 무시하기 쉽다. 하지만 작더라도 꾸준히 반복하여 시도할 때 시간이 쌓이면 복리에 의해 아주 괄목할 만한 수준까지 성장할 수 있다.

습관이 형성되기까지 일반적으로 66일이 소요된다고 한다. 사람의 차이는 있겠지만 대략 습관으로 굳어지기까지는 66일이 소요된다고 한다. 그러나 좋은 습관은 길들이기 어렵고 나쁜 습관은 버리기 어려운 법이다. 언제든 좋은 습관은 잃어버리기 쉬운 법이기 때문에 농사꾼이 밭에서 김을 매듯 우리의 습관도 잘 가꾸는 습관이 무엇보다 중요하다.

'사람은 고쳐 쓰는 것 아니다.'라는 말이 있다. 그만큼 '사람이 변화하기 어렵다.'라는 이야기지만 '뇌의 가소성'에 의하면

'사람은 어떻게 생각하느냐'에 따라 성장형 사고와 고정형 사고에 따라 얼마든지 발전할 수 있고 변할 수 있다. 중요한 것은 어떤 환경에 있느냐에 따라 발전할 수도 아닐 수도 있다는 것이다.

나는 평소에 사람이 바뀌려면 '첫째 환경을 바꾼다. 둘째 만나는 사람을 바꾼다. 셋째는 시간을 다르게 쓴다.'라고 계속 이야기하고 있다. '맹모삼천지교(孟母三遷之敎)'를 보더라도 환경의 중요성을 잘 알 수 있다.

달라진 습관

감사일기를 308번째 쓰고 있다고 하여 특별히 전에 없던 엄청 대단한 일이 벌어진 것은 아니다.

그러나 매일같이 하루를 마무리하면서 감사일기 덕분에 하루를 돌아볼 수 있는 시간을 5~10분만이라도 시간을 가질 수 있다는 것은 정말 아주 좋은 습관 중의 하나인 것 같다.

늘 반복되는 생활일수록 변화를 잘 느끼지 못할 가능성이 큰데 감사일기를 쓰면서 반복되는 가운데에서도 아주 사소한 것이지만 감사할 일을 찾아낼 수 있다는 것이다.

우리는 매일같이 기록을 남김으로써 하루하루가 어떤 생각으로 차 있었는지 기억할 수 있다는 것이다. 그리고 감사한 일을 찾다 보면 기분이 좋아진다. 안 좋은 일보다 좋은 일을 떠올리면 기분이 좋아진다. 우리는 생각 하나만으로 더 기분 좋은 하루를 보낼 수 있다.

우리는 살아가면서 말을 통해서 사람들에게 많은 영향을 끼칠 수 있다. 알게 모르게 우리는 의도적인 긍정적이고 기분 좋은 말과 행동을 통해서 주변의 많은 사람에게 영향력을 끼칠 수 있다. 가장 중요한 것은 본인에게 감사하고 좋은 습관을 통해서 아주 많은 영향을 끼칠 수 있다는 것이다. 눈에 보이지 않는 작은 습관에 의해 자신과 이웃에게 좋은 영향력을 전할 수 있고 긍정적 선택을 할 수 있는 것이다.

인간인 이상 부정적인 생각이 안 떠오를 수는 없지만 감사일기를 통해서 생활 속 작은 감사할 것에 집중함으로써 의식적 긍정을 선택하고 있다.

작은 습관이 계속 쌓일 때 몇 년 내에 정말 좋은 결과로 이어질 것이라 믿어 의심치 않는다.

감사일기를 쓰는 진짜 이유

감사 노트가 오래 보관하기 쉽게 되어 있다는 것이 마음에 들었다.

매일 일상이 똑같아 보이지만 삶이 같을 수가 없다. 일상의 다른 점을 발견하고 기록으로 남기고 느낄 수 있어서 감사하다.

기록은 삶의 한 부분이고 나의 역사이며 성공으로 나아가기 위한 중간 단계가 감사일기 쓰기라고 생각하기 때문에 소중하게 느껴진다.

하루의 마무리를 감사한 것을 찾고 잠들 수 있어서 좋다.

긍정적인 변화로 인하여 가족들에게 화내는 일이 거의 없어졌다.

가장 가깝고 소중한 아내와 아이들에게 상처를 주고 싶지 않기 때문이다.

인생은 모든 것이 나의 선택의 결과라는 생각이 나를 지배하고 있기에 나는 오늘도 긍정을 선택하고 감사한 일을 찾고 선택할 것이다.

무엇보다 좋은 커뮤니티 속에서 내가 지쳐있을 때 다른 사람들의 감사일기 쓰는 모습을 보면서 다시 힘을 얻고 다시 또 시작할 힘을 받는다.

유광선 교수님, 오정희 그룹장님, 이봉선 부그룹장님, 오지선 부그룹장님, 그리고 함께하시는 모든 분, SNS를 통해서 알게 된 인연이지만 감사일기로 선한 영향력을 주고받는 모든 분이 있기에 오늘도 감사하며 감사일기를 쓰고 있다.

Imagine

앞으로 인생에서 가장 빛나는 때가 찾아온다면
언제쯤이 될까요? 그리고 그때 어디에서 어떤
모습으로 누구와 무엇을 하고 있을까요?

새벽에 바치는 인사

오늘에 보아라!

오늘이 삶이요, 삶 중의 삶이다.

그 짧은 길에

당신 존재의 진실과 현실이,

성장의 더없는 행복이,

행동의 영예가,

업적의 광채가 모두 놓여 있다.

어제는 꿈이고

내일은 그저 환상일 뿐이다.

하지만 잘 산 오늘은 어제를 행복한 꿈으로

그리고 모든 내일을 희망찬 환상으로 만든다.

그러니 오늘을 똑바로 보아라.

그것이 새벽에 바치는 인사이니라.

-윌리엄 오슬러

위기를 기회로 바꾸는 법

이 책을 쓰는 동안, 나는 언젠가 시카고 대학교에 들러 로버트 메이너드 허친스 총장에게 걱정을 떨치는 법을 물어본 적이 있다. 그는 이렇게 답했다.

"나는 언제나 고인이 된 시어스 로벅 앤 컴퍼니의 회장 줄리어스 로즌월드가 한 조언을 따르려고 노력합니다. '위기를 전화위복의 기회로 삼아라.'라는 조언이지요."

이건 위대한 교육자들이 사용한 방식이기도 하다. 하지만 어리석은 사람들은 정확히 반대인 행동을 한다. 위기를 맞닥뜨릴 때면 이렇게 말하는 것이다.

"나는 졌어. 이건 운명이야. 내게는 기회가 없었어."

그렇게 세상에 격분하고 자기 연민의 축제에 빠진다. 하지만 현명한 사람이 위기를 만나면, 그는 이렇게 말할 것이다.

"이 불행으로부터 무엇을 배울 수 있지? 어떻게 하면 상황을 개선할 수 있을까? 이 위기를 기회로 바꿀 수 있을까?"

저명한 심리학자인 알프레드 아들러는 사람들과 그들의 숨겨진 힘에 관해 평생을 바쳐 연구한 결과, 이렇게 선언했다. 인간의 가장 놀라운 특성은 '마이너스를 플러스로 바꾸는 힘'이라고 말이다.

여기 흥미로우며 고무적인 한 여성의 이야기가 있다. 그녀의 이름을 셀마 톰슨으로, 뉴욕 모닝사이드 드라이브 100번지에 살고 있다. 그녀는 자신의 경험을 들려주었다.

전쟁 중, 내 남편은 뉴멕시코의 모하비 사막 근처의 훈련소로 배치되었습니다. 나는 그와 같이 지내기 위해 이사했습니다. 나는 그 장소를 싫어하다 못해 경멸했습니다. 살면서 그토록 불행해 본 적이 없었습니다. 남편은 모하비 사막에서 하는 훈련에 참여하였고, 나는 자그마한 판잣집에 홀로 남겨졌습니다. 바깥 기온은 끔찍하게 뜨거웠는데, 선인장 그늘마저 섭씨 50도는 되었습니다. 멕시코 사람들과 인디언들을 제외하고는 말을 걸 사람이 한 명도 없었고, 영어를 하는 사람도 없었습니다. 그 와중에 바람은 끝없이 불어 내가 먹는 음식은 물론 숨을 쉴 때마다 입안에 모래가 들어왔습니다.

나는 완전히 망가진 채로 자기 연민에 빠져 부모님께 편지를 썼습니다. 나는 그들에게 모든 걸 포기하고 집으로 돌아가겠노라 말했습니다. 더는 이곳에 일 분도 있을 수 없고, 차라리 감옥이 낫겠다고 했습니다!

아버지는 그 편지에 대한 답장으로 딱 두 줄을 보내왔는데, 그 두 줄은 평생 내 마음에 새겨질 것입니다. 그의 답장은 제 인생을 완전히 변화시켰습니다.

"두 남자가 감옥 창살 밖을 쳐다보았다. 한 명이 진흙탕을 볼 때, 다른 이는 별들을 보았다."

나는 그 두 문장을 읽고 또 읽었습니다. 나는 스스로가 창피해졌습니다. 나는 그렇게 지금 상황에서 찾아낼 수 있는 장점들을 찾기로 마음을 먹었습니다. 별들을 보기로 한 것이었습니다.

나는 현지인들과 친구가 되었습니다. 그리고 그들의 반응은 나를 놀라게 했습니다. 내가 그들의 수공예품과 도예품에 관심을 보이자, 그들은 관광객에게도 팔기를 거절했던, 아끼던 작품들을 선물로 주었습니다. 나는 선인장과 유카스 그리고 조슈아 나무의 매혹적인 형태를 연구했습니다. 나는 프레리도그에 관해 배웠고, 사막의 노을을 감상했고, 그곳이 수백만 년 전 바다였을 때의 흔적인 조개껍데기를 찾아다녔습니다.

이 놀라운 변화가 나에게 무엇을 가져왔을까요? 모하비 사막은 변하지 않았습니다. 인디언들도 변하지 않았습니다. 변한 건 나 자신이었습니다. 나는 마음가짐을 바꾸었고, 끔찍한 경험을 인생에서 가장 신나는 모험으로 바꾸었습니다. 나는 내가 발견한 새로운 세상으로부터 격려와 자극을 받았습니다. 나는 너무도 신난 나머지 그에 관한 책도 썼습니다. '눈부신 성벽'이라는 소설이었습니다. 나는 그렇게 스스로 만든 감옥의 창밖에서 별을 발견한 것입니다.

셀마 톰슨은 예수가 태어나기 500년 전 고대 그리스인들이 가르친 오래된 진리를 깨달았다.

"가장 좋은 일은 가장 어렵기 마련이다."

해리 에머슨 포스딕은 20세기에 다시 그 진리를 꺼내 들었다.

"행복은 즐겁지 않다. 하지만 행복은 곧 승리다."

맞다. 행복은 성취감, 승리감, 전화위복의 기쁨으로부터 온다.

한번은 플로리다에서 위기를 기회로 삼은 한 농부를 방문한 적이 있다. 그가 처음으로 농장을 열었을 때, 그는 낙심하고 말았다. 땅이 너무도 척박했던 나머지 과일나무를 심거나 돼지를 기를 수 없었던 것이다. 그곳에서 자랄 만한 것은 졸참나무와 방울뱀이 전부였다. 그는 거기서 아이디어를 얻었다. 위기를 기회로 삼은 것이다. 그는 방울뱀을 최대한 활용해보기로 했다. 그는 모두를 놀라게 하려고 방울뱀 고기 통조림을 만들기 시작했다.

내가 지금으로부터 몇 년 전, 그를 방문하기 위해 들렀을 때 나는 관광객들이 그의 방울뱀 농장을 보기 위해 해마다 2만 명씩 모여드는 광경을 볼 수 있었다.

그의 사업은 번창했다. 방울뱀의 송곳니에서 채취한 독은 해독제를 만들기 위해 연구소로 보내졌다. 방울뱀의 가죽은 신발과 핸드백의 재료로 비싸게 팔렸다. 통조림 고기는 전 세계의 고객을 만나기 위해 배에 태워졌다. 나는 그 장소를 찍은 사진엽서를 한 장 구매해 마을의 우체국에 가보니, 그 마을은 이제 '플로리다 방울뱀마을'로 이름이 바뀌어 있었다. 위기를 기회로 바꾼 한 남자에 대한 공경의 표시로 말이다.

미국 전역을 여행하는 동안, 나는 그렇게 '마이너스를 플러스로 바꾸는 힘'을 증명한 무수한 사람들을 만나는 특혜를 누렸다.

고인이 된 '신에 대항한 12명'을 쓴 윌리엄 볼리도는 이렇게 말했다.

"인생에서 가장 중요한 것은 얻은 것을 이용하는 것이 아니다. 그건 바보라도 할 수 있다. 가장 중요한 것은 잃은 것으로부터 무언가를 얻는 것이다. 후자는 지능을 필요로 하며 지각 있는 자와 어리석은 자를 구분할 수 있도록 한다."

이는 볼리도가 기차 사고에서 다리 한쪽을 잃은 뒤 한 말이다. 하지만 나는 다리 두 개를 모두 잃고도 마이너스를 플러스로 바꾼 사람을 알고 있다. 그의 이름은 벤 포트슨으로, 나는 그를 조지아주 애틀랜타의 한 호텔 엘리베이터에서 만났다. 내가 엘리베이터에 탔을 때, 나는 코너의 휠체어에 앉은, 두 다리를 잃은 이 남자를 보았다. 그는 아주 명랑한 성격으로 보였다. 엘리베이터가 멈추자, 그는 내게 자기가 내릴 수 있도록 한 걸음만 뒤로 물러나 줄 수 있는지 쾌활하게 물었다. 그는 이렇게 말했다.

"귀찮게 해서 정말 죄송합니다."

그의 얼굴에는 아주 따뜻한 미소가 퍼져있었다.

엘리베이터에서 내려 방으로 돌아간 뒤에도, 나는 그 명랑한 남자의 생각을 멈출 수가 없었다. 나는 다시 그를 찾아가 이야기를 듣게 되었다.

그는 미소를 머금은 채로 자신의 이야기를 들려주었다.

1929년에 일어난 일이었습니다. 나는 콩밭에 사용할 말뚝이 필요해 히코리 나무를 구하러 갔습니다. 나뭇가지를 포드에 싣고 집으로 향하던 중이었습니다. 갑자기 나뭇가지 하나가 떨어지더니 차 밑으로 들어가 조종 장치에 낀 모양이었습니다. 하필이면 나는 급커브를 돌고 있었고, 차가 둑 너머로 넘어가며 나는 나무에 부딪히고 말았습니다. 척추를 다쳤고, 두 다리에는 마비가 왔습니다.

그 일이 일어난 당시 나는 24살이었습니다. 그 뒤로 한 번도 걸은 적이 없습니다.

24살에 평생 휠체어 생활을 해야 한다는 선고를 받다니! 나는 그에게 어떻게 그렇게 용기 있게 대처할 수 있었냐고 물었다. 그는 이렇게 답했다.

"그럴 수 없었습니다."

그는 화를 내고 반항했다. 그리고 운명을 원망했다. 하지만 시간이 흐를수록, 반항심이 씁쓸함만을 남긴다는 걸 알게 되었다. 그는 말했다.

"나는 결국 다른 사람들이 나를 친절하고 정중하게 대한다는 사실을 깨닫게 되었습니다. 그 뒤로 사람들을 친절하고 정중하게 대하는 것이 내가 할 수 있는 최소한의 일이라고 생각하게 되었습니다."

나는 지금도 그에게 그 사고가 끔찍한 불행이라고 생각하는지 물었다. 그는 바로 대답했다.

"아닙니다. 지금은 그런 일이 일어났다는 것에 감사할 정도입니다."

충격과 통탄의 세월을 보낸 그는 완전히 다른 세상에서 살아가게 되었다.

그는 책을 읽었고 문학에 대한 사랑을 길렀다. 14년 동안 그는 못해도 1,400권의 책을 읽었을 것이라고 했다. 책은 그에게 새로운 시야를 가져다주었고 그의 삶을 무엇보다 풍요롭게 만들어 주었다.

그는 좋은 음악을 듣기 시작했다. 과거에는 시시하게 들렸던 교향곡을 들으면 이제는 전율을 느낄 수 있었다. 가장 큰 변화는 그에게 생각할 시간이 생겼다는 것이었다.

"태어나서 처음으로, 나는 세상을 똑바로 바라보고 올바른 가치관을 가질 수 있게 되었습니다. 내가 그토록 얻으려 노력하던 것들 대부분이 하찮은 것들이었다는 사실을 깨달았습니다."

독서를 통해 그는 정치와 공공문제에 관심을 가지게 되었고 휠체어를 타고 다니며 연설을 하기 시작했다! 그는 활발하게 사람을 사귀었다. 그리고 벤 포트슨 스틸은 여전히 휠체어에 탄 채로 조지아의 국무장관으로 일하고 있다!

생각의 표현은 춤으로, 노래로, 그림으로, 글로 그리고도 아주 다양하다.
-wilds-

오늘도 자신에게 감사한 것이 있다면 무엇이 있을까요?

오늘도 생각나는 감사한 사람이 있다면 누구인가요?

오늘도 감사한 일이 있다면 무엇인가요?

배우며 성장하는 자신을 있는 그대로 받아들이는 순간순간의 기쁨 이것을
행복이라 말한다.

-wilds-

오늘도 자신에게 감사한 것이 있다면 무엇이 있을까요?

오늘도 생각나는 감사한 사람이 있다면 누구인가요?

오늘도 감사한 일이 있다면 무엇인가요?

천 마디의 말보다 한 장의 그림이 더 많은 것을 발견하게 한다.

—wilds—

오늘도 자신에게 감사한 것이 있다면 무엇이 있을까요?

오늘도 생각나는 감사한 사람이 있다면 누구인가요?

오늘도 감사한 일이 있다면 무엇인가요?

누구나 가슴속에 책 한 권씩은 간직하고 있다. 가슴속에 간직하고만 있을지 밖으로 꺼내 놓을지는 자신의 선택이다. 그림과 노래도 같다.

-wilds-

오늘도 자신에게 감사한 것이 있다면 무엇이 있을까요?

오늘도 생각나는 감사한 사람이 있다면 누구인가요?

오늘도 감사한 일이 있다면 무엇인가요?

생각하고 사랑하며 행동하다 보면 행복을 발견하게 된다.
— wilds —

오늘도 자신에게 감사한 것이 있다면 무엇이 있을까요?

오늘도 생각나는 감사한 사람이 있다면 누구인가요?

오늘도 감사한 일이 있다면 무엇인가요?

자신이 당연하고 사소하다고 생각하는 것에 대해 고마워하고 감사하는 것
은 더 많은 행복을 발견하게 한다.

— wilds —

오늘도 자신에게 감사한 것이 있다면 무엇이 있을까요?

오늘도 생각나는 감사한 사람이 있다면 누구인가요?

오늘도 감사한 일이 있다면 무엇인가요?

보여야 믿는 사람도 있고 믿고 나서 보는 사람도 있다.
모두 자신의 선택이다.
—wilds—

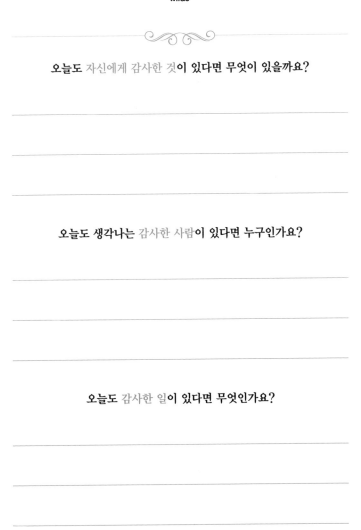

오늘도 자신에게 감사한 것이 있다면 무엇이 있을까요?

오늘도 생각나는 감사한 사람이 있다면 누구인가요?

오늘도 감사한 일이 있다면 무엇인가요?

평생학습은 정신적 풍요와 물질적 풍요를 더 누릴 수 있는 효과적이고 효율적인 방법이다.

-wilds-

오늘도 자신에게 감사한 것이 있다면 무엇이 있을까요?

_____

_____

_____

오늘도 생각나는 감사한 사람이 있다면 누구인가요?

_____

_____

_____

오늘도 감사한 일이 있다면 무엇인가요?

_____

_____

_____

지적 호기심은 자신의 삶을 더 발견하게 한다.

-wilds-

오늘도 자신에게 감사한 것**이 있다면 무엇이 있을까요?**

_____

_____

_____

오늘도 생각나는 감사한 사람**이 있다면 누구인가요?**

_____

_____

_____

오늘도 감사한 일**이 있다면 무엇인가요?**

_____

_____

_____

자신이 행복을 찾는 바로 그 순간에도 행복은 그 자리에 있다.
—wilds—

오늘도 자신에게 감사한 것이 있다면 무엇이 있을까요?

_____

_____

_____

오늘도 생각나는 감사한 사람이 있다면 누구인가요?

_____

_____

_____

오늘도 감사한 일이 있다면 무엇인가요?

_____

_____

_____

행복은 책 속의 하루 한 문장을 읽는 것 그것만으로도 충분하다.
—wilds—

오늘도 자신에게 감사한 것이 있다면 무엇이 있을까요?

_____

_____

_____

오늘도 생각나는 감사한 사람이 있다면 누구인가요?

_____

_____

_____

오늘도 감사한 일이 있다면 무엇인가요?

_____

_____

_____

새벽은 언제나 어두운 밤이 지나야 온다.

-wilds-

오늘도 자신에게 감사한 것이 있다면 무엇이 있을까요?

_____

_____

_____

오늘도 생각나는 감사한 사람이 있다면 누구인가요?

_____

_____

_____

오늘도 감사한 일이 있다면 무엇인가요?

_____

_____

_____

감사한 이해심을 가진 사람은 다른 사람들을 배려하며 그들의 입장에서 공감한다.

−wilds−

오늘도 자신에게 감사한 것**이 있다면 무엇이 있을까요?**

오늘도 생각나는 감사한 사람**이 있다면 누구인가요?**

오늘도 감사한 일**이 있다면 무엇인가요?**

누군가 자신과 함께하는 사람이 있다는 것은 벌써 기적이다.
─wilds─

오늘도 자신에게 감사한 것이 있다면 무엇이 있을까요?

오늘도 생각나는 감사한 사람이 있다면 누구인가요?

오늘도 감사한 일이 있다면 무엇인가요?

서로 다름을 있는 그대로 받아들이며 서로 같음을 발견해 가는 오늘도 감사하다.

-wilds-

오늘도 자신에게 감사한 것이 있다면 무엇이 있을까요?

오늘도 생각나는 감사한 사람이 있다면 누구인가요?

오늘도 감사한 일이 있다면 무엇인가요?

감사는 세상의 중심에 자신이 있다는 것을 발견하게 된다. 생각이 같아야
한다. 당연히 나처럼 생각해야 한다고 주장할 때 갈등의 원인이 된다.

—wilds—

오늘도 자신에게 감사한 것이 있다면 무엇이 있을까요?

오늘도 생각나는 감사한 사람이 있다면 누구인가요?

오늘도 감사한 일이 있다면 무엇인가요?

혹시 자신이 죽은 뒤 어떤 사람으로 기억되기를 원하는가?

―wilds―

오늘도 자신에게 감사한 것이 있다면 무엇이 있을까요?

오늘도 생각나는 감사한 사람이 있다면 누구인가요?

오늘도 감사한 일이 있다면 무엇인가요?

오늘 할 일 중 한 가지 일밖에 못 한다면 어떤 일을 하는 것이 가장 가치가 있는가?

-wilds-

오늘도 자신에게 감사한 것이 있다면 무엇이 있을까요?

오늘도 생각나는 감사한 사람이 있다면 누구인가요?

오늘도 감사한 일이 있다면 무엇인가요?

WILDS와 100, 100, 100 감사일기를 실행하면 사람과 사업이 지속 가능하게 하는 방법을 발견하게 된다.

-wilds-

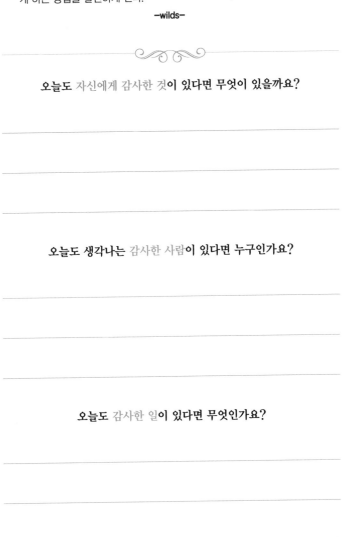

오늘도 자신에게 감사한 것이 있다면 무엇이 있을까요?

오늘도 생각나는 감사한 사람이 있다면 누구인가요?

오늘도 감사한 일이 있다면 무엇인가요?

인정과 칭찬은 사람들에게 무엇인가 스스로 하고 싶은 생각을 하게 한다.

-wilds-

오늘도 자신에게 감사한 것이 있다면 무엇이 있을까요?

_____

_____

_____

오늘도 생각나는 감사한 사람이 있다면 누구인가요?

_____

_____

_____

오늘도 감사한 일이 있다면 무엇인가요?

_____

_____

_____

세상의 주인공은 세상에 불만이 없다.

-wilds-

오늘도 자신에게 감사한 것이 있다면 무엇이 있을까요?

오늘도 생각나는 감사한 사람이 있다면 누구인가요?

오늘도 감사한 일이 있다면 무엇인가요?

감사일기는 마음을 담아두는 보물단지

장현옥

감사일기 하면 생각나는 친구가 있어요. 그 친구는 바로 서울 그룹장으로 활동 중인 오정희 그룹장입니다. 오정희 그룹장은 자신의 삶에 관한 이야기와 감사한 일을 기록으로 남겨 자녀에게 물려 줄 생각으로 감사 노트를 정성 들여 쓴다고 했어요.

감사일기를 쓰면 생각이 정리되고, 마음의 안정도 찾을 수 있고, 인생을 긍정적으로 바라볼 수 있는 장점이 있다면서 저에게도 한번 써보라고 권유를 했죠.

마침 오프라 윈프리의 '내가 아는 확실한 것들'이라는 책을 읽고 감사일기에 관한 관심이 있던 터라 2021년 11월 1일부터 감사 노트에 감사일기를 쓰게 되었죠.

감사 노트에는 여러 가지 영감을 얻을 수 있는 글과 명언으로 채워져 있었고, 하루하루 감사 노트를 채워가면서 나에게 감사한 것, 나에게 감사한 사람, 나에게 감사한 일을 생각하다 보니 정말 생각 정리도 되고 세상에는 감사한 일도 많고 감사한 사람도 많다는 것을 알게 되었어요.

어느 날 감사 노트를 소개한 친구를 만나러 가는데 문득 감사 노트를 꼭 챙겨야겠다는 생각이 들었던 거예요. 그 친구를 만나 감사일기를 함께 쓰고 감사함을 나누는 시간이 정말 소중하고 뜻깊은 기억으로 남아 자꾸자꾸 쓰고 싶게 만들어지게 되었거든요.

"어머 옥아~ 너무 감동이야! 이렇게 감사 노트도 챙겨와 주고 어떻게 그런 기특한 생각을 한 거니? 정말 정말 고마워~"

"에이~~ 뭘. 난 그저 너와 감사일기를 함께 쓰고 함께 있는 시간을 기록하고 공유하고 싶었을 뿐이야~ 우린 친구니까~~"

저의 이런 행동을 본 친구는 정말 감동하였다면서 함께 해줘서 고맙다는 인사를 또 하고 또 했죠. 그러면서 친구가 물었죠. 너에게 감사일기는 무엇인 것 같으냐고.

그래서 저는, '나에게 감사일기란 감사합니다, 고맙습니다. 글자로만 남기는 기록, 낙서와 화풀이 대상의 노트가 아닌 정말 감사한 마음 하나하나 정성 들여 담아두는 보물단지.'이며 '또 감사일기에 진심인 친구 너를 만나는 날에는 꼭 지참하는 필수 아이템'이라고 답했답니다.

감사함의 나비효과

이금순

코로나19가 터지면서 함께 모여서 밥 먹는 일도, 같이 운동하는 일도, 마스크 안 쓰고 서로의 얼굴을 보면서 이야기하는 것도 불가능해졌다.

사회적 거리두기가 마음마저 멀게 되는 현상까지 나타나게 되었다.

나 또한 코로나로 많은 걸 잃게 되었다.

10년 동안 해오던 사업도 접어야 했고, 함께 오랫동안 일했던 친구를 잃기도 했다.

그리고 가장 중요한 나의 시간과 자유까지 잃었다.

종일 연년생 아들의 온라인수업과 끼니를 챙기면서 하루를 보냈다.

한 달을 보내고, 일 년을 보내니 이전의 평범했던 일상과 경력이 그리워지면서 돌아갈 수 없는 과거를 회상하며 무기력하게 하루하루를 보냈다.

반복되는 생활에 나와 아이들은 신경을 곤두세우고 서로에게 불만과 짜증을 부렸다.

연년생 두 아이는 눈뜨기 무섭게 싸우고, 잠들기 전까지 서로의 탓을 하면서 잘잘못을 따진다.

그런 두 아이를 중재하는 것도 지쳐서 혼내고 싸움을 끝내 비리는 게 일상이다.

코로나가 터진 이후로 시간, 자유, 돈, 일, 사람을 잃으면서 나는 내가 가진 모든 것들을 잃었다고 생각했다.

내가 잃은 것에 집중하면 할수록 화도 늘고, 아이들을 혼내는 일도 많아졌다.

물론 남편과 싸우는 일도 많아지면서 이혼을 해야겠다는 생각도 많이 했다.

지금 내가 겪는 모든 일은 나로 인한 것이 아닌 남편, 아이들, 그리고 코로나 등 내 주변의 여건들로 생겨난 일이라는 멍청한 생각들만 했다.

이 환경에서 벗어나면 이전의 삶으로 돌아가고 지금보다는 더 나아질 거라는 생각도 하면서 말이다.

감사함의 시작

지금의 환경에서 벗어나기 위해 방법을 찾기 시작했다.

무료 강의도 듣고 책을 읽으면서 성공한 사람들의 습관에는 감사하는 긍정적인 마음이 있음을 알게 되었다.

솔직히 말하면, 가장 돈도 안 들고 쉽게 할 수 있는 방법이었다.

감사하는 마음을 습관으로 만들기 위해 감사한 일들을 하나씩 찾아보기 시작했다.

쉽게 생각하고 감사한 걸 찾아보니 생각보다 많이 떠오르지 않았다.

'감사합니다'라고 다섯 글자를 블로그에 써보았다.

그다음부터 하나씩 일상에서 감사한 일들이 떠오르면서 5가지를 찾을 수 있었다.

그다음 날에는 7가지 감사함을 찾았다.

매일 그렇게 하나씩 감사한 것들을 일상에서 찾았다.

매일 밤 감사한 것을 찾아서 일기를 쓰니 다음 날 아침 기상이 상쾌하고 기분이 좋았다.

좋은 건 함께하고 싶은 마음에 아이들에게 감사일기를 같이 쓰자고 했으나, 글씨 쓰는 걸 싫어하는 연년생 아이들은 일단 거부부터 했다.

아이들이 좋아하는 게 무엇인지 곰곰이 생각해보니 아이들이 잠들기 전에 엄마, 아빠랑 이야기하는 걸 좋아하기에 잠들기 전에 감사함 3가지 찾는 것을 시도해보았다.

아이들은 잠들기 전에 놀이처럼 감사한 것들을 3가지씩 찾기 시작했다.

놀라운 건 감사한 것을 찾는 시간인데, 감사한 것을 찾고 자기 성찰까지 하는 아이들이다.

감사함을 찾으면서 스스로 자신이 잘못한 것도 반성하고 사과하면서 두 형제 사이가 돈독해졌다.

물론 아예 안 싸우는 것은 아니지만, 이전보다 싸움도 줄어들고 사이가 많이 좋아졌다.

아이들도 감사한 것을 꾸준히 찾다 보니 일상에서 오는 감사함으로 마음이 더 풍요로워지고, 표현력도 점점 좋아졌다.

그리고 밤마다 아이들과 내가 감사한 것을 찾는 걸 듣고만 있던 남편도 놀이처럼 함께 하는 시간이 많아졌다.

그런 시간이 쌓이니 말에 가시가 있던 남편의 말 습관이 달라지는 게 느껴졌다.

감사한 마음을 가지고 매일 습관처럼 반복하니 나뿐만 아니라 가족들까지 감사한 마음으로 풍요로워지고 마음이 안정됨을 느낄 수 있었다.

가족 모두에게 감사한 마음이 가득하니, 서로에게 상처 주는 말도 싸울 일도 줄어들고 서로를 아끼고 사랑하는 마음이 깊어졌다.

감사함의 기적

감사한 마음이 습관이 되니 감사할수록 감사할 일이 더 많아진다는 것을 알게 되었다. 또한 어떤 어려움과 고난이 와도 감사함으로 생각 전환을 할 수 있게 되었다.

최근 유방암 2기 진단받고 수술을 준비 중이다.

암이라는 말을 듣자 '왜 나에게 이런 일이 생기지?'라는 생각보다 '이렇게 빨리 암이라는 걸 알게 되고 빠르게 수술할 수 있어 감사하다.'라는 생각이 먼저 들었다.

암을 발견하지 못해 3기, 4기까지 가는 경우가 많은데 아무런 고통과 통증 없이 암을 발견하고 수술을 진행할 수 있다는 게 너무 감사했다.

더 감사한 것은 완치율도 높다는 것이다.

높아진 의료기술에 감사하고 일사천리로 10일 안에 암에 관련된 모든 검사와 수술까지 진행할 수 있어 감사하다.

나는 이제 내 몸을 더 아끼고 사랑하는 마음도 가질 수 있어 감사하다.

감사함의 기적이 어떻게 다가올지 너무 기대된다.

Learn

자신이 원하고 좋아하는 것을 하기 위해
배우고 개발할 것이 있다면 무엇이 있을까요?

무엇이든 최고가 되어라

당신이 언덕 위의 소나무가 될 수 없다면,
골짜기의 덤불이 되어라.
단 개천의 가장 좋은 덤불이 되어라.

나무가 될 수 없다면 덤불이 되어라.
덤불이 될 수 없다면, 풀 한 포기가 되어라.
풀이 되어 길을 아름답게 만들어라.
강늉치고기가 될 수 없다면 배스가 되어라.
단 호수에서 가장 힘이 센 배스가 되어라.

모두가 선장이 될 수 없다면, 선원이 되어라.
우리 모두에게는 해야 할 일이 있다.
세상에는 큰일도 있고 작은 일도 있다.
그중 우리가 해야 하는 일은 가까이 있는 일이다.

큰 도로가 될 수 없다면, 오솔길이 되어라.

태양이 될 수 없다면 별이 되어라.

이기고 지는 건 크기의 문제가 아니다.

무엇이 되든 최고가 되어라!

-더글러스 맬럭

그 누구도 죽은 개는 걷어차지 않는다

1929년 온 나라를 놀라게 한 사건이 교육계에서 발생했다. 미국 전역의 학자들이 사건의 진상을 직접 보기 위해 시카고로 몰려들었다.

사건이 발생하기 몇 년 전, 로버트 허친스라는 이름의 한 청년은 예일 대학교에 다니며 웨이터, 벌목꾼, 가정교사 그리고 빨랫줄 판매원으로 일하고 있었다. 그로부터 8년 후, 그는 미국에서 네 번째로 부유한 대학인 시카고 대학의 총장으로 취임하게 되었다. 놀랍게도 그의 나이는 고작 서른 살이었다! 나이가 지긋한 교육자들은 아연실색했다. 온갖 비난이 낙석처럼 떨어진 '특출한 청년'에게 향했다. 모두가 그가 너무 젊고 경험이 없으며, 그의 교육관이 비현실적이라는 이유로 한마디씩 말을 보냈다. 언론들도 공격에 동참했다.

그가 취임하던 날, 한 친구는 로버트 메이어드 허친스의 아버지에게 이렇게 말했다.

"오늘 아침 신문 사설을 읽다 당신 아들을 비난하는 것을 보고 깜짝 놀랐습니다."

허친스의 아버지는 이렇게 답했다.

"맞아요. 제법 가혹했지요. 하지만 생각해보면 죽은 개를 발로 차는 사람은 없으니까요."

맞다. 그리고 그 개가 중요한 존재일수록, 사람들은 개를 걷어차는 데서 더 큰 만족을 얻는다. 훗날 에드워드 3세가 된(지금은 윈저 공이라고 불리는) 웨일스의 왕자 역시 원치 않는 사건으로 그 사실을 깨닫게 되었다. 그는 데번셔의 다트머스 학교를 다니고 있었다. 미국으로 치면 아나폴리스의 해군 사관학교에 해당하는 학교였다.

왕자가 14살 무렵이었다. 하루는 해군 사관이 그가 혼자 울고 있는 것을 보고 무슨 일이 있는지 물었다. 처음에 왕자는 말하기를 꺼렸으나, 끝내 사실을 털어놓았다. 사관후보생들이 그를 걷어찬다는 것이었다. 해군 준장은 후보생들을 소환해 왕자가 직접 항의한 것은 아니라고 설명한 뒤, 왜 그가 그런 거친 대접을 받아야 했는지 이유를 알고자 했다.

한참이나 뜸을 들이며 우물쭈물하던 후보생들은 결국 사건의 전말을 실토했다. 이유인즉슨, 훗날 해군 사령관과 대령이 되었을 때, 왕을 걷어차 본 적이 있다고 말하고 싶어서 그랬다는 것이었다.

그러니 누군가 당신을 걷어차거나 비난했다면, 그 사람은 자신이 중요한 사람이 되었다고 생각하기 위해 그런 행동을 했다는 것을 잊지 말아야 한다. 그리고 당신이 그런 대우를 받았을 때는, 무언가를 성취했으며, 사람들의 관심을 끌었기 때문일 가능성이 높다. 많은 사람들은 자신보다 더 많은 공부를 했거나 더 성공한 사람들을 비난하는 데서 야만적인 만족감을 얻는다.

예를 들어, 이 장을 쓰는 동안, 나는 구세군을 설립한 윌리엄 부스 장군을 비난하는 한 여성으로부터 편지 한 통을 받았다. 나는 한 방송에서 부스 장군을 찬미한 적이 있다. 그 여성은 내게 부스 장군이 가난한 사람들을 돕기 위해 모은 8백만 달러를 훔쳤다고 말했다. 그 고발은 터무니없는 것이었다. 하지만 그 여성은 진실을 찾는 것이 아니었다. 그녀는 높은 곳에 있는 사람을 비방할 때 얻는 비열한 만족감을 찾고 있었다. 나는 혹독한 비난이 담긴 그녀의 편지를 쓰레기통에 던져버리며, 전능하신 주께 그 여자와 결혼한 것이 내가 아니라는 사실에 감사드렸다. 그녀의 편지는 부스 장군에 대해서는 그 무엇도 제대로 말하고 있지 않지만, 그녀 자신에 대해서는 많은 것을 알려주고 있었다. 쇼펜하우어는 오래전 이렇게 말했다.

"천박한 사람들은 위인들의 잘못과 어리석음에서 큰 기쁨을 얻는다."

세상에 예일대 총장을 두고 천박한 사람이라고 생각할 사람은 많지 않다.

하지만 예일대의 전 총장인 티모시 드와이트는 미국 대통령에 출마한 사람을 비난하는 데서 큰 기쁨을 얻었던 것으로 보인다. 그는 만일 그 사람이 대통령으로 뽑힌다면, "우리의 아내와 딸들이 합법적 성매매의 피해자가 되어 명예를 완전히 실추하고, 허울만 남긴 채 타락할 것이며, 교양과 미덕과는 담을 쌓은 채, 신과 인간의 혐오를 사게 될 것"이라고 경고했다.

이쯤 되면 히틀러에 대한 비난이 아닐까 싶어진다. 하지만 그렇지 않았다.

드와이트는 토머스 제퍼슨을 비난하고 있었다. 어느 토머스 제퍼슨이냐고?

'설마, 독립 선언문을 쓴, 민주주의의 수호성이라고 불리는 그 불멸의 토머스 제퍼슨을 말하는 것은 아니겠지?'라고 생각한다면, 정말 그 토머스 제퍼슨의 이야기가 맞다.

그렇다면 '위선자', '사기꾼', '살인자보다 겨우 조금 나은' 사람이라고 비난받던 미국인은 어떨까?

시사만화는 그 남성이 단두대에 올라 커다란 칼이 그의 목을 자르는 모습을 묘사하였다. 그가 길을 걸을 때면 관중은 야유와 조롱을 보냈다. 누구의 이야기일까? 다름 아닌 조지 워싱턴의 이야기다.

하지만 이건 오래전의 일이다. 인간의 본성이 이후 조금 나아졌는지도 모른다. 어디 보자. 1909년 4월 6일 개 썰매로 북극을 탐험하여 세상을 놀라움과 흥분으로 채운 피어리 제독의 이야기를 살펴보자. 그가 이룬 성과는 지난 몇 세기 동안 수많은 사람이 목숨을 잃어가면서도 닿지 못한 목표였다. 피어리 제독 역시 추위와 굶주림으로 죽을 위기를 넘겼다. 그의 발가락 중 8개는 동상에 걸려 잘라내야 했다. 그는 닥친 재앙에 압도되어 미쳐버리게 되지 않을까 걱정했다. 하지만 워싱턴에 있던 그의 해군 상관들은 피어리 제독에서 쏟아진 관심과 찬사에 격노했다. 그들은 피어리 제독이 과학 조사단을 꾸리기 위해 받은 지원을 "북극에 누워 빈둥거리는 데 사용했다."라며 그를 고발했다. 그들은 실제로도 그렇게 믿었을 것이다. 사람들이 자신이 믿기 원하는 걸 믿지 않는 건 거의 불가능한 일이기 때문이다. 피어리 제독을 모욕하고 앞길을 막고자 하는 의지가 너무도 격렬했던 나머지, 매킨리 대통령이 직접 제독이 북극을 계속해서 탐험할 수 있도록 명령을 내려야만 했다.

만일 피어리 제독이 워싱턴 해군부에서 사무직을 맡고 있었다면, 과연 비난을 받았을까? 그렇지 않다. 그런 질투를 불러일으킬 만큼 중요한 인물이 아니기 때문이다.

그랜트 장군은 피어리 제독보다도 더 심한 경험을 했다. 1862년 남북전쟁이 한참일 당시, 그랜트 장군은 북부에 최초의 결정적인 승리를 안겨주었다. 하룻밤 사이 그를 영웅으로 만들어 준 그 승리는 지대한 영향을 미친 나머지 유럽까지 그 여파가 퍼져갔다. 교회의 종이 울리고 메인주에서 미시시피강둑에 이르기까지 승리의 불길이 치솟았다. 그 위대한 승리로부터 불과 6개월 후, 북부의 영웅 그랜트는 체포되었고 군대를 빼앗겼다. 그의 눈에서는 모욕과 절망의 눈물이 흘렀다.

왜 그랜트 장군은 승리 후에도 체포되었을까? 다름 아닌 오만한 상관들의 질투와 시기를 샀기 때문이었다.

관심과 사랑 그리고 일, 다시 회복 틈새 있는 그대로 받아들이며 현재를 사는 삶, 이것을 행복한 성공이라 부른다.

-wilds-

오늘도 자신에게 감사한 것이 있다면 무엇이 있을까요?

오늘도 생각나는 감사한 사람이 있다면 누구인가요?

오늘도 감사한 일이 있다면 무엇인가요?

인간관계의 시작은 신뢰할 수 있는 한 사람의 친구를 만드는 것으로 시작한다.

-wilds-

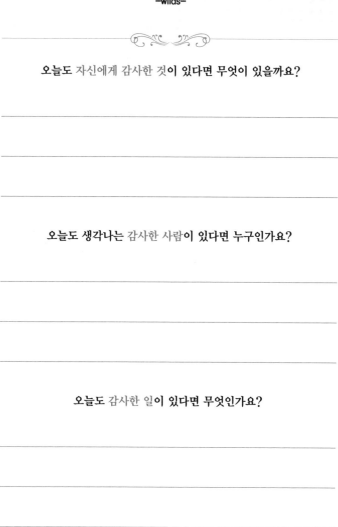

오늘도 자신에게 감사한 것이 있다면 무엇이 있을까요?

_____

_____

_____

오늘도 생각나는 감사한 사람이 있다면 누구인가요?

_____

_____

_____

오늘도 감사한 일이 있다면 무엇인가요?

_____

_____

_____

선천적 능력보다 더 중요한 것은 습관이다. 나이와 상관없이 의식적으로
노력하면 새로운 습관을 만들 수 있다.

-wilds-

오늘도 자신에게 감사한 것이 있다면 무엇이 있을까요?

오늘도 생각나는 감사한 사람이 있다면 누구인가요?

오늘도 감사한 일이 있다면 무엇인가요?

행복은 상대적이고 주관적이기 때문에 지금 자신이 마주하고 있는 현실을
어떻게 받아들이는가에 따라 자신의 행복이 선택된다.

-wilds-

오늘도 자신에게 감사한 것이 있다면 무엇이 있을까요?

_____

_____

_____

오늘도 생각나는 감사한 사람이 있다면 누구인가요?

_____

_____

_____

오늘도 감사한 일이 있다면 무엇인가요?

_____

_____

_____

읽고 생각하며 실행하다 보면 자기 자신, 생각, 두려움, 정신 그리고 영혼을 다스리는 방법을 발견하게 된다.

—wilds—

오늘도 자신에게 감사한 것이 있다면 무엇이 있을까요?

오늘도 생각나는 감사한 사람이 있다면 누구인가요?

오늘도 감사한 일이 있다면 무엇인가요?

자신이 준비된 만큼 질문할 수 있고 자신이 준비된 만큼 발견할 수 있다.

-wilds-

오늘도 자신에게 감사한 것이 있다면 무엇이 있을까요?

오늘도 생각나는 감사한 사람이 있다면 누구인가요?

오늘도 감사한 일이 있다면 무엇인가요?

감사의 시작은 베푼 이에게 돌려주는 것이다. 감사의 종착지는 받은 감사를 다른 사람에게 행하는 것이다.

—wilds—

오늘도 자신에게 감사한 것이 있다면 무엇이 있을까요?

_____

_____

_____

오늘도 생각나는 감사한 사람이 있다면 누구인가요?

_____

_____

_____

오늘도 감사한 일이 있다면 무엇인가요?

_____

_____

_____

자신을 인정하고 칭찬하기 시작한 순간부터 자신의 삶이 선순환의 영역으로 들어가기 시작한다.

— wilds —

오늘도 자신에게 감사한 것이 있다면 무엇이 있을까요?

오늘도 생각나는 감사한 사람이 있다면 누구인가요?

오늘도 감사한 일이 있다면 무엇인가요?

어제의 나를 있는 그대로 받아들이면서 오늘의 나를 사랑하는 것도 배움을 통해 더 잘할 수 있다.

— wilds —

오늘도 자신에게 감사한 것이 있다면 무엇이 있을까요?

오늘도 생각나는 감사한 사람이 있다면 누구인가요?

오늘도 감사한 일이 있다면 무엇인가요?

하루 단위로 목표를 정한 다음 결과를 날마다 검토하면서 개선하다 보면
준비된 우연한 기회를 발견하게 된다.

—wilds—

오늘도 자신에게 감사한 것**이 있다면 무엇이 있을까요?**

오늘도 생각나는 감사한 사람**이 있다면 누구인가요?**

오늘도 감사한 일**이 있다면 무엇인가요?**

문을 바라만 본다면 문은 알지만 문 다음의 세상은 알지 못한다.
-wilds-

오늘도 자신에게 감사한 것이 있다면 무엇이 있을까요?

오늘도 생각나는 감사한 사람이 있다면 누구인가요?

오늘도 감사한 일이 있다면 무엇인가요?

아는 게 적은 사람일수록 자신이 모든 것을 안다고 확신하며 말한다.

―wilds―

오늘도 자신에게 감사한 것이 있다면 무엇이 있을까요?

_____

_____

_____

오늘도 생각나는 감사한 사람이 있다면 누구인가요?

_____

_____

_____

오늘도 감사한 일이 있다면 무엇인가요?

_____

_____

_____

어쩌면 내 인생의 최고의 스승은 내 발목을 잡은 사람들이다.

−wilds−

오늘도 자신에게 감사한 것이 있다면 무엇이 있을까요?

오늘도 생각나는 감사한 사람이 있다면 누구인가요?

오늘도 감사한 일이 있다면 무엇인가요?

과거와 현재 그리고 미래에도 가장 지혜로운 사람은 평생 배우는 사람이고, 가장 행복한 사람은 모든 상황에 감사하는 마음을 가진 사람이다.

-wilds-

오늘도 자신에게 감사한 것이 있다면 무엇이 있을까요?

오늘도 생각나는 감사한 사람이 있다면 누구인가요?

오늘도 감사한 일이 있다면 무엇인가요?

자신의 모든 상황을 감사히 여긴다면 당신의 삶은 더 풍요로워질 것이다.
—wilds—

오늘도 자신에게 감사한 것이 있다면 무엇이 있을까요?

_____

_____

_____

오늘도 생각나는 감사한 사람이 있다면 누구인가요?

_____

_____

_____

오늘도 감사한 일이 있다면 무엇인가요?

_____

_____

_____

감사일기를 쓰고 감사를 말하면 감사한 일들이 생기는 놀라운 경험을 하게 될 것이다.

— wilds —

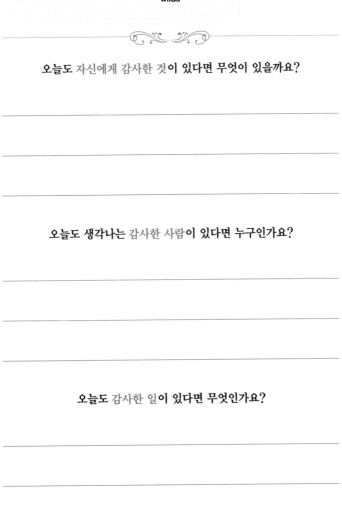

오늘도 자신에게 감사한 것이 있다면 무엇이 있을까요?

_____

_____

_____

오늘도 생각나는 감사한 사람이 있다면 누구인가요?

_____

_____

_____

오늘도 감사한 일이 있다면 무엇인가요?

_____

_____

_____

상황이나 처지를 불평불만하며 비난하는 사람들과 약간의 거리를 두는 것
만으로도 더 행복한 성공을 할 수 있다.

—wilds—

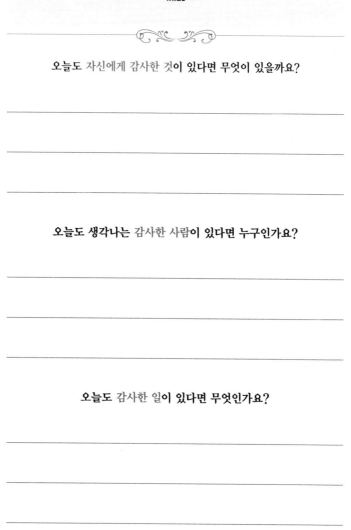

오늘도 자신에게 감사한 것이 있다면 무엇이 있을까요?

_____

_____

_____

오늘도 생각나는 감사한 사람이 있다면 누구인가요?

_____

_____

_____

오늘도 감사한 일이 있다면 무엇인가요?

_____

_____

_____

기대하는 삶과 기여하는 삶 중에 어떤 선택을 하고 싶은가.
-wilds-

오늘도 자신에게 감사한 것이 있다면 무엇이 있을까요?

오늘도 생각나는 감사한 사람이 있다면 누구인가요?

오늘도 감사한 일이 있다면 무엇인가요?

기대하는 삶을 사는 사람들 주위에는 기대하는 사람들이, 기여하는 삶을
사는 사람들 주위에는 기여하는 사람들이 있다. 어떤 삶을 살고 싶은가.

—wilds—

오늘도 자신에게 감사한 것이 있다면 무엇이 있을까요?

_____

_____

_____

오늘도 생각나는 감사한 사람이 있다면 누구인가요?

_____

_____

_____

오늘도 감사한 일이 있다면 무엇인가요?

_____

_____

_____

우리는 자신이 간직한 감정의 상태를 상대방에게 같은 수준으로 영향을 주는 능력을 지니고 있다.

— wilds —

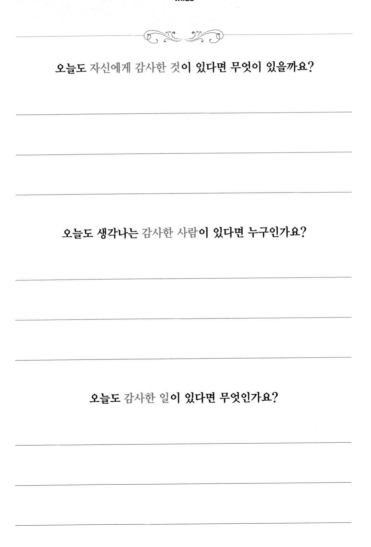

오늘도 자신에게 감사한 것이 있다면 무엇이 있을까요?

오늘도 생각나는 감사한 사람이 있다면 누구인가요?

오늘도 감사한 일이 있다면 무엇인가요?

자신이 1년 동안 만난 사람과 방문한 장소, 그리고 읽은 책을 보면 어떤 생각을 갖고 살았는지 자신 스스로 알 수 있다.

-wilds-

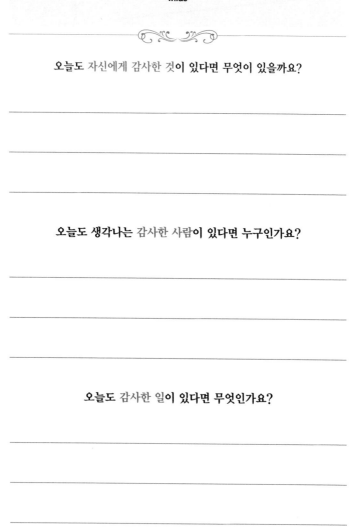

오늘도 자신에게 감사한 것이 있다면 무엇이 있을까요?

오늘도 생각나는 감사한 사람이 있다면 누구인가요?

오늘도 감사한 일이 있다면 무엇인가요?

모든 사람들을 있는 그대로 받아들이고 사랑한다. 시간과 물질적 한계도
있는 그대로 받아들이고 사랑한다.

-wilds-

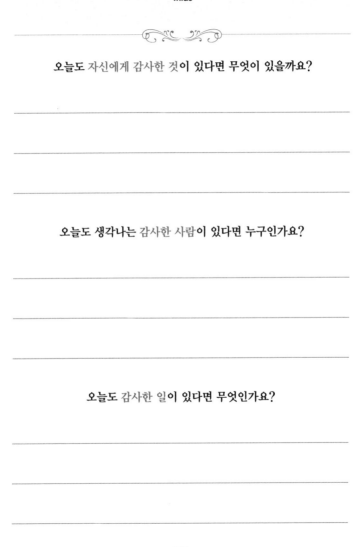

오늘도 자신에게 감사한 것이 있다면 무엇이 있을까요?

오늘도 생각나는 감사한 사람이 있다면 누구인가요?

오늘도 감사한 일이 있다면 무엇인가요?

어떤 사람은 어렵고 힘들다고 말하고, 어떤 사람은 쉽고 할 수 있다고 한다. 이는 자신의 준비됨의 차이일 수 있다.

-wilds-

오늘도 자신에게 감사한 것이 있다면 무엇이 있을까요?

오늘도 생각나는 감사한 사람이 있다면 누구인가요?

오늘도 감사한 일이 있다면 무엇인가요?

사랑의 감사일기

이봉선

감사일기는 사랑입니다.

2020년 7월 19일 감사일기로 감사 씨앗을 심었어요.

오정희 그룹장님께서 감사일기 서울 3그룹장이 되어 감사일기방을 운영하시면서 저에서 처음으로 함께 쓰자고 제안해 주셔서 감사했습니다.

저는 1초의 망설임도 없이 여쭈었습니다.

"네~좋아요. 어떻게 쓰는 건가요?"

와일드북에서 나온 감사 노트가 있고 이 노트에서 감사일기를 써야 한다고 하셨습니다.

1년이면 감사 노트가 3권이라고 해서 처음에 3권을 받고 감사일기를 쓰기 시작했습니다. 지금은 858일 차로 감사노트가 무려 7권이 되었습니다.

2022년 12월 5일 감사일기 857일 차 감사합니다.

감사일기는 친절한 봉쌤 이봉선에게 많은 것을 선사해주었습니다.

감사일기를 통해 기적 같은 일이 많이 생겼습니다. 그 기적의 이야기를 나누고 싶어요.

친절한 봉쌤에게 감사일기는 사랑입니다.

첫째, 저희 가정에 행복의 씨앗이 심어졌습니다.

감사일기를 꾸준히 쓰면서 남편이 저의 꾸준함을 인정하고 신뢰해 주어서 기뻐요.

어느 가정이나 다 행복할 수 없는 것 같아요. 저희 부부는 아이가 셋이다 보니 의견충돌이 많았습니다. 그러한 의견충돌로 서로가 많이 힘든 시간을 보내기도 했습니다. 그런데 감사일기를 쓰는 동안, 제 마음이 편해지면서 많은 것을 이해하게 되었습니다.

남편이 제가 꾸준히 감사일기 나눔 새벽 라이브 방송을 지금까지 해오는 그 모습을 인정해 주고 있어요.

꾸준함에 남편도 인정하고 무엇을 하든 이제는 신뢰하는 마음이 생기는 것 같아요.

새벽 5시 30분 매일 라이브 방송할 때 우리 남편이 응원도 하고 물도 떠주는 놀라운 일이 생겼네요. 가끔 부부 동반으로 모임에 가면 감사일기를 홍보해주기도 합니다.

저는 세 아이의 엄마이자, 고등학생들 학습 코칭 교사로 활동하고 있습니다.

우리 아이들에게 유산을 물려주기보다는 엄마의 꾸준함을 보여주고 감사일기를 남겨주고 싶습니다.

우리 큰아이는 감사일기를 꾸준히 쓰고 열심히 생활하는 엄마를 자랑스러워하고 있어 감사합니다. 올해 초에 제대해 3학년으로 복학했는데, 엄마가 매일 감사일기 나눔 하는 모습을 보면서 '어머니, 힘들지 않으세요?' 하며 천천히 하라면서 늘 걱정하네요.

하지만 저는 아들에게 이야기하지요. 감사일기 쓰면서 힘도 생기고 좋은 일들이 너무 많이 생겨서 엄마는 행복하다고 말합니다.그러면 큰아들이 미소를 지어줘요.

우리 예쁜 딸은 저와 감사일기를 함께 쓰고 있고 지인분에게 엄마가 정말 훌륭하다며 엄마처럼 열심히 살고 싶다고 엄마를 자랑스러워하는 모습에 감사하고 행복합니다.

언젠가 우리 딸과 함께 KBS 봉사단에서 구리시로 봉사활동 갔을 때 지인분들과 함께 갔었는데 그때 아는 지인분을 우리 딸이 만날 일이 있어서 이야기 나누었는데 그 선생님께서 그러네요.

"선생님, 따님이 선생님을 정말 자랑스럽게 생각하고 우리 엄마처럼 되고 싶다고 했다네요."

우리 막내도 엄마가 하는 일에 박수를 보내고 응원 지지해 주어 진심으로 감사합니다.

감사일기는 가족을 더 단단하게 해주는 보물입니다.

감사일기는 사랑입니다.

또 학생들에게 훌륭한 선생님으로 감사일기 학생들과도 함께 쓰고 있어요.

고등학생들 생활기록부에도 기록을 남길 수 있는 멋진 감사일기입니다.

둘째로 감사일기는 감동입니다.

저는 와일드 이펙트 정신을 이야기하고 싶어요.

WILDS는

Want – 원하라

Imagine – 상상하라

Learn – 배워라

Declare – 선언하라

Share – 나눔을 의미한다.

Shar를 이야기하고 싶어요.

감사일기 쓰기를 시작하면서 저는 가방에 늘 감사 노트를 들고 다닙니다.

감사님들을 만나며 감사일기 쓰고 인증을 합니다.

혼자 쓰는 것보다는 Share를 했더니 사실은 제가 일기를 더 열심히 쓰고 있네요.

저는 기후변화 전문가로 활동하고 있는데 어느 순간 제가 감사 노트 홍보 대사가 되어서 우리 대장님들께 감사 노트 안내하고 함께 쓰는 분들이 많아졌습니다.

감사 노트를 쓴다고 하면 어디든 찾아가서 감사 노트 함께 쓰고 인증도 함께합니다.

감사 노트 쓰기가 어렵지는 않지만, 함께 쓰면 더 좋고 감사 나눔으로 감사가 두 배 세 배 백 배가 되네요.

2021년부터는 감사 노트에 환경일기도 함께 추가해서 쓰고 있습니다.

지구특공대-공부하는 여자가 지구를 살린다는 환경모임을 이끄는 리더로 감사일기를 쓰다 보니 환경에 대해서도 생각하게 되어 감사한 일 3가지 부분에 환경 일기라고 추가해서 환경일기도 쓰고 있습니다.

함께 쓰는 대장님들이 계셔서 저 혼자가 아니라 함께 쓰면서 더 힘이 생기면서 감동까지 선물을 주네요.

용해 대장님께서는 너무도 힘들고 지칠 때 감사 노트로 위로를 받았다고 하시고 치유가 되었다고 하셨습니다.

윤아 대장님께서는 감사 노트 쓰고 싶다고 우리 집 근처까지 오셨고 감사 노트 쓰고 많은 이야기를 하면서 힘을 얻었다고 하셨습니다.

감사일기방은 매일 감사 노트 쓰고 사진 찍어서 인증하고 있는데 감사인증 올리는 감사님들 덕분에 감사일기를 더 쓰게 되었다는 분들이 더 많았습니다.

매달 마지막 주 화요일은 감사방 이야기 나누면서 사연을 듣고 오지선 부그룹장님의 감사 씨앗 특강에서는 많은 분이 눈물을 흘리면서 이야기를 듣고 더 좋은 에너지를 받을 수 있었습니다.

와일드북의 Share를 더 많이 나누도록 하겠습니다.

감사일기는 감동입니다.

셋째 감사일기는 용기입니다.

이제는 모든 분께 자신감 있게 감사일기 노트 쓰기 홍보하는 홍보 대사로 감사일기 쓰고 감사 기적을 체험한 봉쌤은 많은 분께 알리고 있습니다.

어느 순간 어디를 가더라도 이야기하고 있고 지금도 감사 노트 알리기 위한 계속 감사한 이야기를 하는 저 자신을 발견합니다.

꼭 기억해야 하는 것은 "기대하지 말고 기여하라."입니다.

무엇인가를 기대하다 보면 실망이 큽니다.

이바지하다 보면 더 좋은 일들이 생기고 감사 기적도 체험하게 됩니다.

특히 많은 분이 놓치고 가는 것은 입으로 많이 이야기하지만 쓰고 있지 않으면 감동이 덜 되고 전달이 늦어진다는 사실입니다.

그리고 용기 내어서 입으로 이야기하지 않으면 많은 분이 알 수 없는 것 같아요.

저는 자연스럽게 감사 노트를 많은 분께 자신 있게 이야기합니다.

제가 감사 노트를 쓰고 좋은 에너지를 받고 다른 분들도 써보고 힘을 받았으면 좋겠다는 확신이 있기 때문입니다.

감사 노트 쓰고 좋은 일이 생기는 놀라운 경험 함께해보세요.

저희 감사 노트는 너무 예뻐서 가방에 넣고 다니기 좋아요.

함께 쓰는 감사일로 오래오래 좋은 일 많이 생기는 놀라운 경험 함께 체험해보아요.

오늘도 감사함으로 하루 시작하고 감사 명언으로 인사합니다.

여러분도 용기 있게 감사일기 함께 써요.

감사일기를 쓰고 감사를 말하면 감사한 일들이 생기는 놀라운 일을 경험하게 될 것이다.

-와일드 북-

감사합니다.^^

Declare

미래 비전을 위해 앞으로 1주일간
실행할 것을 선언한다면 무엇이 있을까요?

평화를 구하는 기도

주님, 저를 당신의 도구로 써주소서.

미움이 있는 곳에 사랑을,

상처가 있는 곳에 용서를,

의심이 있는 곳에 믿음을,

절망이 있는 곳에 희망을,

어두움이 있는 곳에 빛을,

슬픔이 있는 곳에 기쁨을 가져오게 하소서.

위로받기보다는 위로하고,

이해받기보다는 이해하며,

사랑받기보다는 사랑하게 하소서.

우리는 줌으로써 받고,

용서함으로써 용서받으며,

죽음으로써 영생을 누리기 때문입니다.

-성 프란체스코

피로와 걱정을 예방하는 4가지 좋은 업무 습관

좋은 업무 습관 1
당장 해치워야 하는 일을 제외한 모든 서류를 책상에서 치워라.

시카고 앤 노스웨스턴 레일웨이의 회장인 롤랜드 L. 윌리엄스는 이렇게 말했다.

"책상 위에 쌓아둔 온갖 종류의 서류를 쌓아두고 있다면, 그 가운데 당장 해치워야 하는 문제를 제외하고 모두 치워버려라. 그러면 더 쉽고 정확하게 일을 처리할 수 있을 것이다. 나는 이 행위를 '훌륭한 업무 살림'이라고 부르는데, 이보다 더 업무 효율을 낼 수 있는 방법은 없다."

워싱턴 D.C.의 의회도서관을 방문하면 천장에 다음과 같은 시인 포프가 쓴 문장이 적혀있는 걸 볼 수 있다.

"질서는 천국의 제일 법칙이다."

비즈니스에도 질서는 제일 법칙이 되어야 한다. 하지만 모든 사람들이 이를 따르는 것은 아니다. 평범한 사업가의 책상은 살펴보지 않은 지 몇 주나 된 서류들로 어수선하다. 뉴올리언스 일간지의 발행인은 어느 날 그의 비서가 책상을 치우다 2년 전에 사라진 타자기를 발견한 적도 있다고 고백했다!

답장하지 않은 우편물과 보고서, 메모로 어질러진 책상을 보는 것만으로도 혼란, 긴장과 걱정이 밀려온다. 그보다도 더 끔찍한 부분이 있다. 어질러진 책상은 '해야 할 수만 가지 일과 부족한 시간'을 끊임없이 되새긴다. 여기서 긴장과 피로가 쌓임은 물론 고혈압, 심장병, 위궤양을 우려하는 상황이 올지도 모른다.

펜실베이니아 의과 대학원의 교수이기도 한 존 H. 스토크스 박사는 미국의학협회의 전국 대회에서 '기질성 질환의 합병증으로 인한 기능상의 신경증'이라는 제목의 논문을 발표했다. 이 논문에서 스토크스 교수는 '환자의 정신 상태에서 확인해야 할 11가지 요소'를 열거한다. 그가 첫 번째 요소로 꼽은 것은 '끝없이 불어나는 해야 할 일들로 인한 의무감과 책임 의식'이었다.

하지만 책상을 치우고 결단을 내리는 것처럼 기본적인 행위가 어떻게 고혈압, 의무감 그리고 '끝없이 불어나는 해야 할 일'에 대한 의식에 도움이 되는 것일까? 저명한 심리학자인 윌리엄 L. 새들러 박사는 한 환자에게 이 간단한 장치가 신경쇠약을 방지한다고 말했다. 그 환자는 시카고에 있는 한 기업의 임원으로, 닥터 새들러를 찾아왔을 당시 긴장, 불안, 걱정을 호소하고 있었다.

그는 공황에 빠져들고 있음을 인식하고 있음에도, 일을 그만두지 못했다. 그에게는 도움이 절실했다.

새들러 박사는 이렇게 말했다.

"그 환자가 자신의 이야기를 꺼내는 동안, 전화기가 울렸습니다. 병원에서 온 전화였는데, 나는 곧장 응답해 필요한 결정을 내렸습니다. 나는 가능하다면 그 자리에서 문제를 해결하고는 합니다. 통화를 마치기 무섭게 다시 급한 전화가 왔고, 나는 이번에 시간을 들여 필요한 논의를 했습니다. 세 번째 불청객은 심각한 상태에 놓인 환자 때문에 조언을 구하러 온 동료였습니다. 동료와 이야기를 마친 다음, 환자에게 기다리게 해서 미안하다고 사과를 하는데, 그의 얼굴에 화사한 생기가 돌고 있었습니다. 다른 사람처럼 느껴질 정도였어요."

그는 새들러 박사에게 이렇게 말했다.

"사과하지 마세요, 선생님! 지난 10분 동안, 저는 제 문제가 무엇인지 깨달았답니다. 사무실로 돌아가서 제 업무 습관을 되돌아봐야 할 것 같아요. 하지만 가기 전에, 선생님의 책상을 한번 살펴봐도 될까요?"

새들러 박사는 책상 서랍을 열어 보였다. 몇 가지 용품을 제외하고는 텅 비어있었다. 환자가 다시 물었다.

"끝내지 못한 서류는 어디 보관하시나요?"

새들러가 답했다.

"모두 끝내버렸기 때문에 보관할 필요가 없습니다!"

환자가 물었다.

"답장하지 않은 우편물은요?"

새들러가 답했다.

"모두 답장을 썼기 때문에 없습니다! 나는 답장을 쓰기 전에는 편지를 내려놓는 법이 없거든요. 바로 비서를 시켜 답장을 받아적게 하지요."

그로부터 6주 후, 그 환자는 새들러 박사를 자신의 집무실로 초대했다. 그는 물론 그의 책상은 완전히 바뀌어 있었다. 그는 깨끗해진 책상 서랍을 확인시켜주었다. 그는 이렇게 말했다.

"6주 전만 해도 저는 두 개의 사무실에 세 개의 책상을 두고 일했습니다. 일에 깔려 죽을 지경이었죠. 일은 끝나는 법이 없었습니다. 하지만 선생님과의 대화 후에 이곳에 돌아와 오래된 보고서와 자료를 한 트럭 가까이 정리했습니다. 이제 저는 한 책상에서 근무하고, 순서대로 일을 처리하기 때문에 끊임없이 불어나며 긴장과 걱정을 초래하는 끝내지 않은 일들로부터 해방되었답니다. 무엇보다 가장 놀라운 일은 건강을 완전히 회복했다는 것입니다. 제 건강에는 더는 아무 문제가 없습니다!"

미국 대법원의 수석재판관을 지낸 찰스 에반스 휴즈는 이렇게 말했다.

"과로로 죽는 사람은 없다. 사람들은 에너지의 고갈과 걱정으로 인해 죽는다."

맞는 말이다. 결국 일을 끝내지 못한 데서 걱정과 에너지의 소모가 발생하는 것이다.

🌑 좋은 업무 습관 2
중요한 일부터 처리해라.

전국에 지사를 둔 시티즈 서비스 컴퍼니의 창립자인 헨리 L. 도허티는 아무리 많은 급여를 준다고 해도 구하기 어려운 직원이 있는데, 다름 아닌 생각할 수 있는 능력과, 일의 중요도를 아는 능력을 지닌 사람이라고 한다.

바닥에서 시작해 12년 만에 펩소던트사의 회장 자리에 오른 찰스 럭맨은 매년 십만 달러 이상의 연봉을 받으면서 가외로는 백만 달러를 벌어들였다. 그는 헨리 도허티가 결코 찾을 수 없다고 했던 능력을 키운 것이 자신의 성공 비결이라고 고백했다. 찰스 럭맨은 이렇게 말했다.

"아주 오래전 기억을 떠올려보면, 나는 가장 머리가 빨리 돌아가는 시간인 아침 5시에 일어나 일의 중요도에 따라 하루를 계획했습니다."

미국에서 가장 성공한 보험판매원인 프랭클린 베트거는 하루 일정을 짜기 위해 아침 5시까지 기다리지 않았다. 그는 전날 밤, 잠이 들기 전 이미 다음 날의 계획, 즉 얼마나 많은 보험을 팔 것인가에 대해 자신만의 목표를 세우고는 했다. 목표를 이루면 다음 날은 더 높은 목표를 세웠다. 그리고 그는 계속해서 더 높은 목표를 가지게 되었다.

나는 오랜 경험을 통해 사람들이 항상 중요도를 기준으로 일을 처리하지 않는다는 것을 잘 알고 있다. 그리고 제일 중요한 일을 먼저 해치우는 것이 즉흥적으로 일을 처리하는 것보다 형용할 수 없을 만큼 더 낫다는 것도 알고 있다.

만일 조지 버나드 쇼가 가장 중요한 일부터 처리한다는 엄격한 규칙을 만들지 않았다면 그는 작가가 되는 데 실패했을 것이고 평생 은행원으로 살아갔을 것이다. 그는 매일 5장의 원고를 쓰는 것을 원칙으로 삼았다. 계획을 실천하고자 하는 그의 완강한 의지가 그를 구한 것이다. 이 계획은 그가 9년 동안 매일 5장의 원고를 쓰도록 만들었다. 9년 동안 그는 30달러밖에 벌지 못했다. 하루에 1페니에 해당하는 돈이었다.

⬤ 좋은 업무 습관 3

문제에 직면했을 때 결정에 필요한 사실을 충분히 알고 있다면, 결정을 미루지 마라.

이제는 고인이 된, 한때 나의 제자이기도 했던 H.P. 하웰은 나에게 그가 U.S. 스틸의 임원이었을 당시의 이야기를 들려준 적이 있다.

그 당시 이사회 회의에는 수많은 문제가 거론되었는데, 늘어지는 회의 시간에 비해 결정되는 것은 얼마 되지 않았다. 그 결과, 모든 임원은 퇴근한 뒤에도 보고서 뭉치를 들여다보아야 했다.

하웰은 이사진에게 한 번에 한 가지 안건을 다루고 결정을 내릴 것을 제안하였다. 절대 미루거나 핑계를 찾지 않는 것이 관건이었다. 이때 결정이란 것은 추가적 사실 검토의 요구일 수도, 어떤 조치를 취하거나 취하지 않는 것일 수도 있었다. 하지만 다른 문제로 넘어가기 전에 어떤 결정이든 반드시 내려졌다. 그리고 그 결과, 확연히 눈에 띄는 변화와 확실한 효과를 얻을 수 있었다. 밀려있던 안건은 모두 정리되었다. 회의 일정도 깨끗이 비워졌다. 이사들은 더는 보고서 뭉치를 들고 퇴근길에 오르지 않아도 되었다. 끝나지 않은 문제들에 대한 걱정 역시 그렇게 사라졌다.

이것은 U.S.스틸의 이사진뿐만 아니라 당신과 나에게도 유용할 규칙이다.

업무를 체계화하고, 위임하고, 지도하라.

많은 사업가가 일찍 세상을 떠나는 다른 이유 중 하나는 다른 사람에게 책임을 위임하는 법을 배우지 못하고 모든 것을 직접 해결하려 애쓰는 데 있다.

그 결과 중요하지 않은 일들과 혼란에 압도되고 만다. 그리고 조급함, 걱정, 불안, 긴장에 시달린다.

책임을 위임하는 것을 배우는 건 어려운 일이다. 나 역시 그게 얼마나 끔찍하고 어려운 일인지 알고 있다. 잘못된 사람들에게 권한을 넘겨주었다가 생기는 재앙이라면, 나도 이미 겪었다. 하지만 아무리 어려운 일이라도, 당신이 기업의 임원이라면 걱정과 긴장, 피로를 피하기 위해서라면 반드시 해야 하는 일이다.

큰 사업을 운영하는 사람 가운데 업무를 체계화하고, 위임하고, 지도하는 법을 배우지 못한 경우, 긴장과 걱정으로 인해 50대 또는 60대에 이미 심장 문제를 떠안게 된다. 더 구체적인 예시를 원하는가? 지역 신문의 부고란을 확인하라.

감사의 마음으로 세상을 바라보면 자신을 가로막는 상황은 그다지 많아 보이지 않는다. 대신 자신의 잠재력과 가능성이 보인다. 그리고 자신이 더 많은 통찰과 지혜를 얻을 수 있는 준비된 기회를 준다.

— wilds —

오늘도 자신에게 감사한 것이 있다면 무엇이 있을까요?

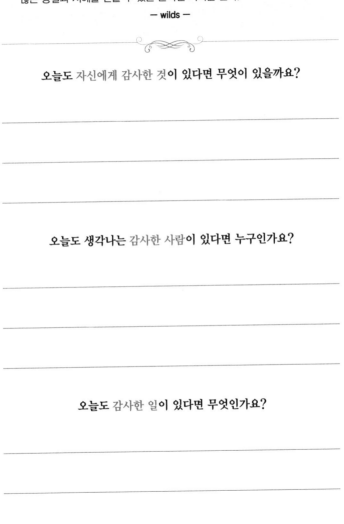

오늘도 생각나는 감사한 사람이 있다면 누구인가요?

오늘도 감사한 일이 있다면 무엇인가요?

감사를 받기 위해서는 먼저 감사를 표현하라.
— wilds —

오늘도 자신에게 감사한 것이 있다면 무엇이 있을까요?

_____

_____

_____

오늘도 생각나는 감사한 사람이 있다면 누구인가요?

_____

_____

_____

오늘도 감사한 일이 있다면 무엇인가요?

_____

_____

_____

신은 모든 사람을 사랑한다. 인간은 더 행복한 성공을 위해서 선택적 사랑을 해야 한다.

— wilds —

오늘도 자신에게 감사한 것이 있다면 무엇이 있을까요?

_____

_____

_____

오늘도 생각나는 감사한 사람이 있다면 누구인가요?

_____

_____

_____

오늘도 감사한 일이 있다면 무엇인가요?

_____

_____

_____

책을 읽은 후 좋은 점에 대해서 열 번 설명하는 것보다
책 한 권 선물해주는 것이 낫고, 두 가지를 다하면 더 좋다.
— wilds —

오늘도 자신에게 감사한 것이 있다면 무엇이 있을까요?

_____

_____

_____

오늘도 생각나는 감사한 사람이 있다면 누구인가요?

_____

_____

_____

오늘도 감사한 일이 있다면 무엇인가요?

_____

_____

_____

관심 가는 분야의 책을 읽는 이유는 책을 쓰고 강의하고 코칭하며 관련 사업을 하기 위해서이다. 자신이 책을 읽는 이유가 있다면 어떤 것이 있을까.

— wilds —

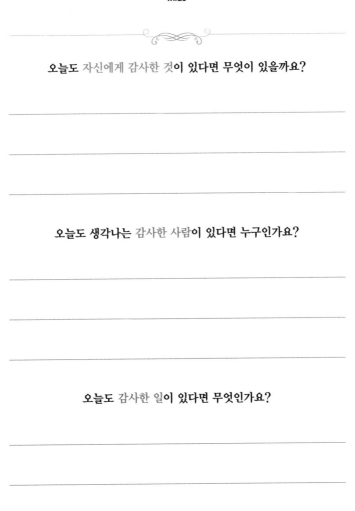

오늘도 자신에게 감사한 것이 있다면 무엇이 있을까요?

_____

_____

_____

오늘도 생각나는 감사한 사람이 있다면 누구인가요?

_____

_____

_____

오늘도 감사한 일이 있다면 무엇인가요?

_____

_____

_____

고마움과 감사한 마음을 통해 자신의 인생은 더욱 풍요로워진다.
— wilds —

오늘도 자신에게 감사한 것이 있다면 무엇이 있을까요?

오늘도 생각나는 감사한 사람이 있다면 누구인가요?

오늘도 감사한 일이 있다면 무엇인가요?

부정적인 사람들은 모든 기회 속에서 어려움을 찾아내고 긍정적인 사람은 어떤 어려움 속에서도 기회를 찾아낸다.

— wilds —

오늘도 자신에게 감사한 것이 있다면 무엇이 있을까요?

오늘도 생각나는 감사한 사람이 있다면 누구인가요?

오늘도 감사한 일이 있다면 무엇인가요?

사람이 성장하기 위해서는 머무르는 장소, 만나는 사람, 그리고 배운 지식에 변화를 주어야 한다.

— wilds —

오늘도 자신에게 감사한 것이 있다면 무엇이 있을까요?

오늘도 생각나는 감사한 사람이 있다면 누구인가요?

오늘도 감사한 일이 있다면 무엇인가요?

책을 읽고 자신의 생각을 정리하고 더하면 자신의 책이 된다.

— wilds —

오늘도 자신에게 감사한 것이 있다면 무엇이 있을까요?

_____

_____

_____

오늘도 생각나는 감사한 사람이 있다면 누구인가요?

_____

_____

_____

오늘도 감사한 일이 있다면 무엇인가요?

_____

_____

_____

운은 스쳐 지나가지만, 행운은 계속해서 스스로 발견할 수 있다.
준비하고 있으면 우연한 기회가 찾아온다.

— wilds —

오늘도 자신에게 감사한 것이 있다면 무엇이 있을까요?

오늘도 생각나는 감사한 사람이 있다면 누구인가요?

오늘도 감사한 일이 있다면 무엇인가요?

누구나 자신의 가슴속에 한 권의 책을 갖고 있다.
그것을 꺼내 놓을 건지 가슴속에 담아 놓을 건지는 자신의 선택이다.
— wilds —

오늘도 자신에게 감사한 것이 있다면 무엇이 있을까요?

오늘도 생각나는 감사한 사람이 있다면 누구인가요?

오늘도 감사한 일이 있다면 무엇인가요?

감사의 마음은 자신을 더 아름답게 만드는 탁월한 방법 중 하나이다.
— wilds —

오늘도 자신에게 감사한 것이 있다면 무엇이 있을까요?

_____

_____

_____

오늘도 생각나는 감사한 사람이 있다면 누구인가요?

_____

_____

_____

오늘도 감사한 일이 있다면 무엇인가요?

_____

_____

_____

상대방의 말을 공감하고 경청하며 신중하게 행동하는 사람들은 사람의 마음을 얻는 지혜를 깨달은 것이다.

— wilds —

오늘도 자신에게 감사한 것이 있다면 무엇이 있을까요?

오늘도 생각나는 감사한 사람이 있다면 누구인가요?

오늘도 감사한 일이 있다면 무엇인가요?

감사를 말로 하라. 그리고 행동으로도 하면 더 감사한 상황이 펼쳐진다.
— wilds —

오늘도 자신에게 감사한 것이 있다면 무엇이 있을까요?

오늘도 생각나는 감사한 사람이 있다면 누구인가요?

오늘도 감사한 일이 있다면 무엇인가요?

하루 한 번 감사하는 습관은 행운이 당신에게 지속해서 찾아오게 한다.
— wilds —

오늘도 자신에게 감사한 것이 있다면 무엇이 있을까요?

오늘도 생각나는 감사한 사람이 있다면 누구인가요?

오늘도 감사한 일이 있다면 무엇인가요?

감사했던 순간, 행복했던 기억, 소중한 시간들을 떠올려보라.
그러면 놀랍고 멋진 새로운 세상을 만나게 될 것이다.
— wilds —

오늘도 자신에게 감사한 것이 있다면 무엇이 있을까요?

오늘도 생각나는 감사한 사람이 있다면 누구인가요?

오늘도 감사한 일이 있다면 무엇인가요?

상황에 맞춘 유연한 지속적인 태도는 자신의 노력과 행운을 연결한다.
— wilds —

오늘도 자신에게 감사한 것이 있다면 무엇이 있을까요?

_____

_____

_____

오늘도 생각나는 감사한 사람이 있다면 누구인가요?

_____

_____

_____

오늘도 감사한 일이 있다면 무엇인가요?

_____

_____

_____

세상을 감사한 마음으로 바라본다면 누구나 아티스트가 될 수 있다.
— wilds —

오늘도 자신에게 감사한 것이 있다면 무엇이 있을까요?

오늘도 생각나는 감사한 사람이 있다면 누구인가요?

오늘도 감사한 일이 있다면 무엇인가요?

주변을 조화롭고 체계적으로 가지런하게 유지하면 내면의 질서를 만들어
마음의 평화를 가져다준다.

— wilds —

오늘도 자신에게 감사한 것이 있다면 무엇이 있을까요?

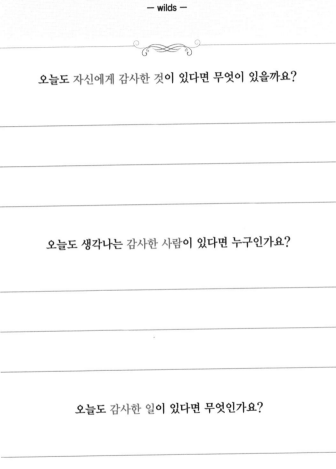

오늘도 생각나는 감사한 사람이 있다면 누구인가요?

오늘도 감사한 일이 있다면 무엇인가요?

신념이 있는 사람은 무엇이 의미 있고 무엇이 가치 있는지 생각하며 살아
간다.

— wilds —

오늘도 자신에게 감사한 것이 있다면 무엇이 있을까요?

오늘도 생각나는 감사한 사람이 있다면 누구인가요?

오늘도 감사한 일이 있다면 무엇인가요?

다른 사람은 알지 못하지만 나만 알고 있는 자신의 장점은 무엇인가.
— wilds —

오늘도 자신에게 감사한 것이 있다면 무엇이 있을까요?

_____

_____

_____

오늘도 생각나는 감사한 사람이 있다면 누구인가요?

_____

_____

_____

오늘도 감사한 일이 있다면 무엇인가요?

_____

_____

_____

지금 당장 어떤 일을 하면 자신의 삶이 가장 크게 개선될 것이라고 생각하는가.

— wilds —

오늘도 자신에게 감사한 것이 있다면 무엇이 있을까요?

오늘도 생각나는 감사한 사람이 있다면 누구인가요?

오늘도 감사한 일이 있다면 무엇인가요?

긍정적 생각은 행운을 불러온다

이다원

적을 동료로 만드는 가장 쉬운 방법

정말 많은 사람과 비에 관해 이야기하면 항상 비슷한 맥락으로 결과에 도달하게 된다.

"비 오네. 비 오는 날씨 어때? 비 좋아해?"

"비 오는 소리 좋지. 고즈넉한 분위기까지 너무 운치 있잖아. 나름 좋아."

"비 맞는 건 어때? 그것도 운치 있고 좋아?"

"아니? 꿉꿉하고 찝찝하잖아. 싫어. 그냥 보는 게 좋을 뿐이야."

그렇다. 비 그 자체를 온전히 좋아하는 건 쉽지 않다. 축축하게 젖으면 추위에 떨어야 하고 눅눅함까지 더해진 날씨는 썩 호감이 가지 않는다. 다들 비가 내릴 때 그저 바라보는 것을 좋아할 뿐, 나도 마찬가지이다. 비의 장점만을 좋아할 뿐 그 외 비의 모든 부분을 미워했고 그래서 비 오는 날씨는 나의 짜증을 더하기 일쑤였다. 그런 내가 비를 좋아하게 되는 과정을 담아보았다. 마냥 밉고 싫었던 비가 내

기분을 좋게 해줄 수 있었던 이유, 적이 동료가 된 이유. 이 과정을 통해 내적으로 성장했으며 세상을 바라보는 눈이 아름다워졌음을 몸소 깨달았다. 이 이후에 내게 보이는 세상에 대해서 듣고 상상하기보다 꼭 스스로 경험해보았으면 좋겠다.

일 끝나고 집에 가는 길이었다. 비 예고가 없었기에 우산을 가져가지 않았으며 약 600m 정도면 집에 도착할 거리였다. 걸어가는 도중 비가 조금씩 내리기 시작했고 눈앞에는 두 개의 편의점이 있었다. 고민 끝에 우산을 사지 않고 집을 향했다. 비를 조금씩 맞으며 '이 정도 이슬비는 괜찮아!'라고 마인드 컨트롤하며 집에 다다랐을 때 내가 한 혼잣말에 난 나 스스로 놀랐다.

"하느님 감사합니다. 집에 무사히 도착했습니다."

비가 왔지만 우산은 없었고 가깝지 않은 거리를 걸었다. 누군가는 이 상황에 우산을 샀을 수도, 비가 온다며 짜증을 냈을지도 모른다. 하지만 난 그저 감사하고 '비가 내 마음을 안 건 아닐까.' 하며 기분이 좋아졌다.

가깝지 않은 거리를 우산도 사지 않은 채 걸어서 갔음에도 비가 퍼붓지 않았기에 조금밖에 젖지 않았고 다치지 않고 무사히 집에 도착했는데 어찌 감사하지 않을 일인가.

또 어느 날은 외출 중 비가 많이 내리기 시작했다. 맞고 있을 수 없을 정도라 당장 우산을 사니 그 후 비는 기다렸다는 듯이 퍼부었다. 우산을 사고 비가 안 오면 괜히 샀다며 후회를 했을지 모른다. 하지만 비가 계속 온 덕에 우산은 진가를 발휘했고 나의 선택에 후회하지 않아 만족했다.

이처럼 비가 조금 와도 많이 와도 난 더는 비를 미워하지 않게 되었다. 이렇게 되기까지의 생각의 변화가 필요했고 그 안에 꼭 있어야 했던 것은 감사이다. 부정적인 것에 집중할수록 삶 또한 불행의 연속일 수밖에 없다. 이와 반대로 긍정적인 것에 집중할수록 삶은 행운이 가득해 보일 것이다.

늘 긍정적인 마음과 감사를 품고 산다면 삶에 스트레스는 줄어들 것이고 적이라 여겼던 것들이 실은 내 마음을 잘 알아주는 동료가 될 것이다. 삶에서 내 편이 많다는 게 얼마나 큰 축복이며 힘이 되는가.

Share

꿈을 이루어 나가면서 감사한 마음으로
나눔을 한다면 어떤 것이 있을까요?

서시(序詩)

죽는 날까지 하늘을 우러러
한 점 부끄럼이 없기를
잎새에 이는 바람에도
나는 괴로워했다.

별을 노래하는 마음으로
모든 죽어가는 것을 사랑해야지
그리고 나한테 주어진 길을
걸어가야겠다.

오늘 밤에도 별이 바람에 스치운다.

-윤동주

불면증을 걱정하지 않는 방법

잠을 잘 자지 못해 걱정하는가? 그렇다면 유명한 국제변호사 새뮤얼 운테마이어의 이야기가 흥미롭게 느껴질 것이다. 그는 살면서 단 하룻밤도 온전히 잠든 적이 없다.

운테마이어가 대학에 다니던 시절, 그에게는 두 가지 고통스러운 문제가 있었는데, 천식과 불면증이 그것이었다. 그중 무엇도 고칠 수 없다는 걸 알았을 때, 그는 최고의 선택을 내렸다. 바로 깨어 있는 시간을 최대한 누리기로 한 것이다. 신경쇠약에 걸릴 때까지 침대 위에서 뒤척이기보다는, 일어나 공부하는 것을 택했다. 그 결과는 어땠을까? 그는 모든 과목에서 수석을 하였고, 뉴욕시립대학의 천재로 거듭나게 되었다.

법조계에 들어선 이후에도, 그의 불면증은 계속되었다. 하지만 운테마이어는 걱정하지 않았다. 그는 이렇게 말하고는 했다.

221

"자연이 나를 보살펴 줄 것이다."

그리고 과연 자연은 그를 보살폈다. 그가 아주 조금의 수면을 취했음에도, 그는 뉴욕의 젊은 변호사들처럼 일할 수 있었다. 아니, 그보다 더 많은 일을 할 수 있었다. 그들이 잠든 동안에도 그는 계속해서 일했기 때문이다!

21살이 되었을 때, 운테마이어의 연봉은 이미 7만 5천 달러에 달했다. 다른 젊은 변호사들은 그의 비밀을 배우기 위해 법정 앞에 줄을 섰다. 그러던 1931년, 그는 아마 역사상 가장 높은 변호사 비였을 백만 달러의 수임료를 현찰로 받는 기록을 세우게 된다.

하지만 불면증은 계속되었다. 그는 밤새 책을 읽었고, 새벽 5시면 편지를 쓰기 시작했다. 그리고 다른 사람들이 출근을 시작할 시간에 이미 그날 업무의 절반을 해치웠다.

그는 81세까지 살았다. 하룻밤도 제대로 자본 적이 없었음에도 말이다. 그는 결코 불면증으로 인해 조바심을 내거나 걱정하지 않았다. 그랬다면 그는 아마 인생을 망쳐버렸을지도 모른다.

우리는 인생의 3분의 1을 잠을 자는 데 쓴다. 하지만 아직 그 누구도 잠이 정확히 무엇인지 밝혀내지 못했다. 그것이 하나의 습관이자 휴식의 상태라는 것은 알고 있다. 자연이 낡은 소매를 기워주듯, 우리를 회복시키는 것이다. 하지만 한 사람에게 몇 시간의 수면이 필요한지는 모른다. 하다못해 수면이 정말 필요한 것인지도 알 수 없다!

1차 세계대전 당시, 폴 컨이라는 한 헝가리 군인은 전두엽에 총을 맞는 상처를 입었다. 그는 부상에서 회복했으나, 신기하게도 잠이 들 수 없게 되었다. 의사들은 모든 종류의 진정제와 마약은 물론 최면술까지 동원해보았지만, 소용없는 짓이었다. 그 무엇도 폴 컨을 재울 수 없었다. 심지어 그는 졸린다는 말조차 하지 않았다.

의사들은 그가 오래 살지 못할 것이라고 말했다. 하지만 바보 같은 소리였다. 그는 일을 구했으며, 아주 건강한 상태로 한참을 더 살았다. 그는 눈을 감고 누워 휴식을 취할 수는 있지만 잠이 드는 일은 결코 없었다. 그렇게 의료계의 미스터리로 남은 그의 일화는 잠에 대한 우리의 신념을 파괴하였다.

어떤 사람들은 다른 사람들보다 더 많은 수면을 필요로 한다. 토스카니니는 5시간만 자면 되었으나, 캘빈 쿨리지는 그보다 두 배는 자야 했다. 쿨리지는 24시간 중 11시간을 잠으로 보냈다. 토스카니니가 그의 인생 중 5분의 1을 잠자는 데 썼다면, 쿨리지는 인생의 거의 절반에 가까운 시간을 잠에 쏟아부은 셈이다.

시카고 대학교 교수 내서니얼 클라이트먼은 전 세계에서 잠에 관해 그 누구보다 많은 연구를 한 사람으로, 수면에 관해서는 전문가라고 할 수 있다. 그는 불면증으로 죽은 사람은 단 한 명도 보지 못했다고 말한다. 정확히는, 불면으로 인해 활력을 잃고 병균에 감염되어 사망할 수는 있다. 하지만 정작 그런 상해를 입히는 것은 불면증이 아닌 걱정이다.

더불어 클라이트먼 박사는 불면증으로 걱정하는 사람도 실제로는 자신이 생각하는 것보다 오랜 시간 동안 잠을 잔다고 말했다. "지난밤 한숨도 못 잤어."라고 하는 사람도 자신이 모르는 사이에 몇 시간은 자게 된다는 것이다.

예를 들어 19세기의 가장 학식이 깊은 사상가 중 한 명이었던 허버트 스펜서는 고령에도 혼자서 하숙집에 생활하고 있었다. 그는 항상 자신의 불면증에 대해 떠들며 사람들을 귀찮게 하고는 했다. 그는 소음을 차단하고 신경을 안정시키기 위해 귀마개를 끼거나 잠을 청하기 위해 아편을 쓰기도 했다.

어느 날, 그와 옥스퍼드 대학교의 세이스 교수는 같은 호텔 방을 쓰게 되었다. 다음 날 아침 스펜서는 밤새 한숨도 자지 못했다고 말했지만 정작 잠을 자지 못한 건 세이스 교수였다. 스펜서의 코 고는 소리에 밤새 깨어 있어야 했던 것이다.

좋은 잠을 위한 첫 번째 준비물은 안전하다는 감각이다. 우리는 우리보다 더 강한 힘이 아침까지 우리를 지켜줄 것으로 생각할 수 있어야 한다. 그레이트 웨스트 라이딩 정신병원의 토머스 히슬롭 박사는 영국 의료연합을 대상으로 한 연설에서 같은 부분을 강조했다.

"수년간의 연구를 통해 알게 된 것은, 수면을 유도하는 최고의 요소가 다름 아닌 기도라는 것입니다. 그리고 이것은 종교인이 아닌 의사로서 하는 이야기가 맞습니다. 습관적인 기도의 행위에는 신경과 마음의 안정제만큼이나 적절하고 정상적인 효과가 있습니다."

"모두 놓고 신에게 맡겨라."

자넷 맥도널드는 불안과 우울로 인해 쉽게 잠이 들지 못할 때면 시편 제23편을 외우며 '안전하다는 감정'을 되새긴다고 말했다.

"여호와는 나의 목자시니 내게 부족함이 없으리로다. 그가 나를 푸른 풀밭에 누이시며 쉴 만한 물가로 인도하시는도다."

만일 당신이 종교가 없고, 어려운 상황을 헤쳐가야 한다면, 신체 활동을 통해 이완하는 방법을 배워라. '신경성 긴장으로부터 벗어나는 법'을 저술한 데이비드 헤럴드 핑크 박사는 최고의 방법은 자신의 몸에게 말을 거는 것이라고 말했다. 그에 따르면, 말은 모든 종류의 최면에 있어 가장 중요한 도구이다.

만일 계속되는 불면에 시달리고 있다면, 그건 당신이 자신에게 불면을 유도하는 주문을 걸었기 때문이다. 불면에서 깨어나는 유일한 방법은 몸에게 이렇게 말하는 것이다.

"놓아라. 긴장을 풀고 이완하라."

우리는 근육이 긴장한 상태에서는 마음과 신경이 이완될 수 없다는 것을 이미 알고 있다. 핑크 박사는 다리의 긴장을 풀기 위해 무릎 뒤에 베개를 받치는 것처럼, 같은 효과를 위해 팔 아래에도 작은 베개를 놓아둔다. 그런 뒤, 아래턱, 눈, 팔, 다리에게 차례로 말을 거는 것이다.

"놓아라. 긴장을 풀고 이완하라."

아마 언제 잠이 든지 모르게 잠들게 될 것이다. 내 경우 그랬다.

불면을 위한 최상의 치료법은 정원일, 수영, 테니스, 골프, 스키와 같은 고단한 활동을 통해 몸을 피곤하게 만드는 것이다. 이것은 시어도어 드라이저가 사용한 방법이기도 했다. 어려웠던 젊은 작가 시절, 그는 불면증을 앓았다. 그는 해결책으로 뉴욕 센트럴 레일웨이에 보선 작업원으로 취직하였는데, 종일 못질을 하고 자갈을 나르고 난 뒤에는 식사할 힘도 없이 쓰러져 잠이 들었다.

몸이 너무 피곤하면, 걷는 도중에도 잠이 들 수 있다.

내가 13살이던 때, 아버지는 살이 오른 돼지를 한 차 가득 싣고 미주리주 세인트 조로 향했다. 두 장의 기차 탑승권이 있었던 그는 나를 데리고 나섰다.

그때까지, 나는 한 번도 인구가 4천 명이 넘는 도시를 방문해 본 적이 없었다. 6천 명의 사람이 사는 세인트 조에 도착했을 때, 나는 잔뜩 흥분했다. 6층이 넘는 고층 건물과 꿈에 그리던 전차를 보았기 때문이었다. 아직도 눈을 감으면 전차의 모습과 소리를 선명히 그릴 수 있다.

인생에서 가장 짜릿하고 신난 하루를 보낸 나는 미주리주 레이본우드로 향하는 기차에 올랐다. 역에 도착했을 때는 새벽 2시가 다 된 시간이었고, 우리는 농장까지 6km나 걸어가야 했다. 드디어 이 이야기를 꺼낸 이유가 나온다.

나는 너무도 피곤했던 나머지 걸으면서 잠을 자고 꿈까지 꾸었다. 나는 말 위에서도 그렇게 종종 잠들고는 했다. 이는 살아있는 사람의 증언이다!

몸이 완전히 지쳤다면, 번개가 치고 전쟁의 공포와 위험이 도사리는 도중에도 잠을 잔다. 저명한 신경학자인 포스터 케네디 박사는 1918년 영국군 제5부대가 퇴각할 당시 병사들은 너무도 지친 나머지 코마에 빠진 사람들처럼 길바닥에서 잠이 들었다고 말했다. 병사들은 그가 손가락으로 눈꺼풀을 들어 올려도 잠에서 깨지 않았다. 그때, 그는 모든 병사들의 눈동자가 위쪽으로 말려 올라가 있는 것을 보았다. 케네디 박사는 말했다.

"저는 잠이 오지 않을 때마다 눈동자 위치를 올립니다. 그러면 몇 초도 채 지나지 않아 하품이 나면서 잠에 빠지는 것입니다. 마치 제어되지 않는 자동 반사처럼요."

그 누구도 잠을 거부하는 방법으로 자살하지 않았고, 앞으로도 그럴 일은 없을 것이다. 사람은 결국에는 잠에 굴복하게 되어 있다. 음식이나 물을 섭취하지 않고 버틸 수 있는 시간보다 잠을 자지 않고 버틸 수 있는 시간이 월등히 짧다.

자살 이야기가 나와서 말인데, 사이콜로지컬 코퍼레이션의 부회장인 헨리 C. 링크 박사는 '인간의 재발견'이라는 책을 저술했다. 그는 수많은 우울증 환자와 걱정에 빠진 사람들을 상담한 경력이 있다. 해당 저서의 '두려움과 걱정을 이겨내는 법'이라는 장에서 그는 자살을 시도했던 한 환자의 이야기를 다룬다. 링크 박사는 언쟁이 상황을 악화시킬 뿐이라는 것을 알고 있었다. 그는 환자에게 이렇게 말했다.

"자살하고 싶다면 기왕이면 용감한 방법을 시도해보는 것은 어떻습니까? 죽을 때까지 동네를 뛰는 겁니다."

환자는 그렇게 죽을 때까지 달리기 시작했다. 하지만 여러 번의 시도 끝에도 그는 죽지 않았다. 그리고 매번 근육이 비명을 지르는 와중에도 마음만큼은 편안해졌다. 그렇게 세 번째 날, 그는 링크 박사의 의도를 알아차렸다. 몸이 너무도 피곤하고 이완되었던 나머지, 그는 통나무처럼 쓰러져 잠이 들었던 것이다. 훗날 그는 육상 클럽에 가입해 스포츠 경기에도 참여하게 되었다. 너무도 마음이 편했던 나머지 영원히 살고 싶을 정도였다.

유연성 있는 사람은 자신의 방식만을 고집하지 않으며 다른 사람의 생각
과 의견을 존중하면서 더 나은 방향으로 나아간다.
— wilds —

오늘도 자신에게 감사한 것이 있다면 무엇이 있을까요?

오늘도 생각나는 감사한 사람이 있다면 누구인가요?

오늘도 감사한 일이 있다면 무엇인가요?

두려움에 당당히 맞서고 실수를 인정하며 새로운 시도를 두려워하지 않는
사람은 용기 있는 사람이다.

— wilds —

오늘도 자신에게 감사한 것이 있다면 무엇이 있을까요?

오늘도 생각나는 감사한 사람이 있다면 누구인가요?

오늘도 감사한 일이 있다면 무엇인가요?

감사하는 마음은 창의성을 높이며 자신의 삶에 생동의 에너지를 준다.
— wilds —

오늘도 자신에게 감사한 것이 있다면 무엇이 있을까요?

오늘도 생각나는 감사한 사람이 있다면 누구인가요?

오늘도 감사한 일이 있다면 무엇인가요?

병에 반만 차 있다고 생각할 수도 있고 병 속에 아직 반이나 남아있다고
생각할 수도 있다. 어떤 선택이든 자신의 선택이다.

— wilds —

오늘도 자신에게 감사한 **것이 있다면 무엇이 있을까요?**

_____

_____

_____

오늘도 생각나는 감사한 **사람이 있다면 누구인가요?**

_____

_____

_____

오늘도 감사한 **일이 있다면 무엇인가요?**

_____

_____

_____

감사는 자존감을 높이고 변화나 위기에 대한 대처 능력을 증진시킨다.

— wilds —

오늘도 자신에게 감사한 것이 있다면 무엇이 있을까요?

오늘도 생각나는 감사한 사람이 있다면 누구인가요?

오늘도 감사한 일이 있다면 무엇인가요?

233

감사는 지금까지 발견한 모든 병의 최고의 치유제이다.
— wilds —

오늘도 자신에게 감사한 것이 있다면 무엇이 있을까요?

_____

_____

_____

오늘도 생각나는 감사한 사람이 있다면 누구인가요?

_____

_____

_____

오늘도 감사한 일이 있다면 무엇인가요?

_____

_____

_____

미래에 살아남는 자가 강한 자가 아니며 현명한 자도 아니다. 바로 변화하
는 자가 살아남는다.

— wilds —

오늘도 자신에게 감사한 것이 있다면 무엇이 있을까요?

오늘도 생각나는 감사한 사람이 있다면 누구인가요?

오늘도 감사한 일이 있다면 무엇인가요?

감사의 씨앗은 세상을 아름답고 긍정적으로 변화시킨다.

— wilds—

오늘도 자신에게 감사한 것이 있다면 무엇이 있을까요?

_____

_____

_____

오늘도 생각나는 감사한 사람이 있다면 누구인가요?

_____

_____

_____

오늘도 감사한 일이 있다면 무엇인가요?

_____

_____

_____

감사와 사랑하는 마음은 최고의 용기이다.

— wilds —

오늘도 자신에게 감사한 것이 있다면 무엇이 있을까요?

_____

_____

_____

오늘도 생각나는 감사한 사람이 있다면 누구인가요?

_____

_____

_____

오늘도 감사한 일이 있다면 무엇인가요?

_____

_____

_____

아침마다 설렘으로 시작할 수 있는 효과적이고 효율적인 방법 중 하나는
어제 자신이 했던 생각, 만났던 사람, 한 일에서 발견하게 된다.
— wilds —

오늘도 자신에게 감사한 것이 있다면 무엇이 있을까요?

오늘도 생각나는 감사한 사람이 있다면 누구인가요?

오늘도 감사한 일이 있다면 무엇인가요?

자신의 평판을 높이는 방법은 타인을 높여 말하는 것이다.
— wilds —

오늘도 자신에게 감사한 것이 있다면 무엇이 있을까요?

_____

_____

_____

오늘도 생각나는 감사한 사람이 있다면 누구인가요?

_____

_____

_____

오늘도 감사한 일이 있다면 무엇인가요?

_____

_____

_____

책을 읽을 때마다 새롭게 느껴지는 것은 자신이 변화하고 있다는 것을 의미한다.

— wilds —

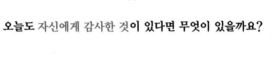

오늘도 자신에게 감사한 것이 있다면 무엇이 있을까요?

_____

_____

_____

오늘도 생각나는 감사한 사람이 있다면 누구인가요?

_____

_____

_____

오늘도 감사한 일이 있다면 무엇인가요?

_____

_____

_____

화가 나고 짜증이 날 때 그것을 어떻게 표현하는가에 따라서 평판이 달라진다.

— wilds —

오늘도 자신에게 감사한 것이 있다면 무엇이 있을까요?

오늘도 생각나는 감사한 사람이 있다면 누구인가요?

오늘도 감사한 일이 있다면 무엇인가요?

> 가장 가치 있는 것이 무엇인지 잊지 않고 그에 따라 사는 것을 한결같음이라 한다.
>
> — wilds —

오늘도 자신에게 감사한 것이 있다면 무엇이 있을까요?

오늘도 생각나는 감사한 사람이 있다면 누구인가요?

오늘도 감사한 일이 있다면 무엇인가요?

용서는 실수나 잘못을 했을 때 그에게 다시 기회를 주는 것이다.
― wilds ―

오늘도 자신에게 감사한 것이 있다면 무엇이 있을까요?

_____

_____

_____

오늘도 생각나는 감사한 사람이 있다면 누구인가요?

_____

_____

_____

오늘도 감사한 일이 있다면 무엇인가요?

_____

_____

_____

책을 읽는 것도 인생의 해답을 찾으려는 행동이다.
— wilds —

오늘도 자신에게 감사한 것이 있다면 무엇이 있을까요?

_____

_____

_____

오늘도 생각나는 감사한 사람이 있다면 누구인가요?

_____

_____

_____

오늘도 감사한 일이 있다면 무엇인가요?

_____

_____

_____

내가 무엇을 좋아하는지 또 그것을 어떻게 추구하는지가 행복한 삶의 척
도가 되는 것이다.

— wilds —

오늘도 자신에게 감사한 것이 있다면 무엇이 있을까요?

오늘도 생각나는 감사한 사람이 있다면 누구인가요?

오늘도 감사한 일이 있다면 무엇인가요?

사람을 통해 배운다는 것, 그리고 스승으로 삼는다는 것은 배움의 의미를 강조하는 것이다.

— wilds —

오늘도 자신에게 감사한 것이 있다면 무엇이 있을까요?

오늘도 생각나는 감사한 사람이 있다면 누구인가요?

오늘도 감사한 일이 있다면 무엇인가요?

지금 있는 자리에서 오늘도 내가 할 수 있는 일을 최선을 다해서 해야 한다.
— wilds —

오늘도 자신에게 감사한 것이 있다면 무엇이 있을까요?

오늘도 생각나는 감사한 사람이 있다면 누구인가요?

오늘도 감사한 일이 있다면 무엇인가요?

인생을 그릇으로 비유하는 것은 그릇이 비어있기 때문이다.
비어있어서 채우려고 한다. 인생이란 무릇 그릇을 채우는 것이다.
— wilds —

오늘도 자신에게 감사한 것이 있다면 무엇이 있을까요?

_____

_____

_____

오늘도 생각나는 감사한 사람이 있다면 누구인가요?

_____

_____

_____

오늘도 감사한 일이 있다면 무엇인가요?

_____

_____

_____

감사하는 마음과 태도는 인생을 더 풍요롭게 해준다.
행복은 우리 안에 있다. 발견하면 된다.

— wilds —

오늘도 자신에게 감사한 것이 있다면 무엇이 있을까요?

오늘도 생각나는 감사한 사람이 있다면 누구인가요?

오늘도 감사한 일이 있다면 무엇인가요?

오늘이 마지막일 수 있다는 절박함으로 매 순간 최선을 다하는 자세는 다시 돌아오지 않는 이 순간에 대한 예의이다.

— wilds —

오늘도 자신에게 감사한 것이 **있다면 무엇이 있을까요?**

오늘도 생각나는 감사한 사람이 **있다면 누구인가요?**

오늘도 감사한 일이 **있다면 무엇인가요?**

일과 사랑의 균형은 행복을 더 발견하게 한다.

— wilds —

오늘도 자신에게 감사한 것이 있다면 무엇이 있을까요?

_____

_____

_____

오늘도 생각나는 감사한 사람이 있다면 누구인가요?

_____

_____

_____

오늘도 감사한 일이 있다면 무엇인가요?

_____

_____

_____

원한다면 움직여야 한다. 그래야 기회를 잡을 수 있다.

— wilds —

오늘도 자신에게 감사한 것이 있다면 무엇이 있을까요?

_____

_____

_____

오늘도 생각나는 감사한 사람이 있다면 누구인가요?

_____

_____

_____

오늘도 감사한 일이 있다면 무엇인가요?

_____

_____

_____

내가 무엇을 좋아하는지 또 그것을 어떻게 추구하는지가 행복한 삶의 척도가 된다.

— wilds —

오늘도 자신에게 감사한 것이 있다면 무엇이 있을까요?

오늘도 생각나는 감사한 사람이 있다면 누구인가요?

오늘도 감사한 일이 있다면 무엇인가요?

따뜻한 미소와 친절한 말 한마디만으로도 사람들은 자신이 당신에게 소중한 사람임을 느끼게 한다.

— wilds —

오늘도 자신에게 감사한 것이 있다면 무엇이 있을까요?

_____

_____

_____

오늘도 생각나는 감사한 사람이 있다면 누구인가요?

_____

_____

_____

오늘도 감사한 일이 있다면 무엇인가요?

_____

_____

_____

행복한 성공을 하기 위해서는 관심분야 100권의 책을 읽고 관련분야 100명의 전문가를 만나며 잘 운영되고 있는 100곳의 장소를 방문하다 보면 준비된 우연한 기회를 더 발견하게 된다.

— wilds —

오늘도 자신에게 감사한 것이 있다면 무엇이 있을까요?

오늘도 생각나는 감사한 사람이 있다면 누구인가요?

오늘도 감사한 일이 있다면 무엇인가요?

선행의 다짐

이상정

살아오면서 참 감사한 일들이 많았습니다. 수많은 기억 중 지금 가장 떠오르는 기억은 좋은 이웃들을 만난 것입니다. 그중 두 가지 기억이 생생하게 떠오릅니다.

만삭으로 배가 많이 부른 상태에서 남편과 감자수제비를 먹으러 갔을 때 조금 늦게 들어오신 건너 테이블의 중년 부부 중 남자분께서 저를 흘끔흘끔 보셨습니다. 남편과 진지한 이야기 중이라 시선이 느껴져서 약간 불편한 마음이 들었지만 크게 신경 쓰지는 않았습니다.

그런데 식사가 끝나고 계산을 하러 갔는데 이미 옆 테이블 신사분께서 젊은 부부가 예쁘다고 맛있게 먹고 아기 순산했으면 좋겠다시며 저희 식사비를 계산하셨다고 하셨습니다. 그 순간 불편해했던 제 마음이 죄송해지며 감동과 감사의 마음이 많이 들었습니다. 마침 계산하신 분은 밖에 나가신 상태였고 사모님께서는 화장실을 다녀오시고 나가려 하셔서 재빨리 가서 감사 인사를 전해드렸고 사모님께서는 미처 모르셨던 눈치셨나 봅니다. 남편분께서 종종 그렇게 하신다고 하시며 예쁜 아이 순산하시라고 하고 자리를 떠나셨습니다. 그때 마음이 참 따뜻했고 저도 저 연배 즈음이 되었을 때 꼭 다른 젊은 부부에게 선행해야겠다고 다짐하였습니다.

그리고 지금 사는 동네로 이사를 온 지 얼마 되지 않아 평일 낮 설렁탕집에 아이와 함께 갔는데 주인분과 주방 할머니, 할아버지께서 늦은 점심식사를 하고 계셨습니다. 주문하고 아이와 앉아서 식사하고 있는데 식사를 하시던 할아버지께서 뒷문으로 나가셔서 한참 후에 들어오시며 한 손에는 체리, 한 손에는 오렌지주스를 사 들고 오셨습니다.

"새댁, 아이 키우느라 힘들지요? 우리 아기 잘 키워서 큰 인물 되었으면 좋겠다."라고 하시며 한 그릇 주문한 설렁탕값보다 더 비싼 아이 선물을 들고 오셔서 순간 눈물이 핑 돌았습니다.

나중에 여쭤보니 주인분과 관계없이 월급을 받으시고 낮에만 일하시는 연세가 아주 많으신 노부부셨는데 너무 감사했고 아직 세상에는 따뜻한 사람들이 참 많다고 느끼며 저도 많이 베풀면서 살 줄 아는 사람이 되어야겠다고 생각했습니다.

오늘도 감사합니다.

오정희

감사는 우리 아이에게 줄 수 있는 유일한 유산이었다.

제 삶에 기쁨과 보람으로 다가온 감사일기가 우리 아들과 딸에게 유산으로 남겨야겠다는 생각을 하게 되면서 감사일기 쓰는 일에 더 정성을 쏟게 됩니다.

엄마의 긍정적인 생각과 엄마가 살아가면서 감사하고 또 감사하며 살아야 하는 삶의 가치관을 감사일기를 통해서 아들딸에게 물려주고 싶었습니다.

아이가 살아가면서 힘들고 지칠 때 엄마의 일기장에서 지혜를 얻고 방법을 찾길 바라는 마음입니다. 가장 소중한 것은 가까이 있으며, 큰돈이 들지 않음을 감사일기를 쓰면서 알게 되어서 감사합니다.

제가 확실히 아는 것이 있다면 모든 것은 마음먹기에 있다는 것입니다.

제가 확실히 아는 것이 있다면 남의 눈치를 본다면 제가 진짜 하고 싶은 일을 하지 못한다는 것입니다.

하루하루 살아 내는 제 삶을 통해서 저의 미래를 볼 수 있어서 감사합니다.

감사일기를 쓴 지 1,000일 넘었습니다. 꾸준히 할 수 있는 힘이 생긴 지금은 특별한 것이 되어서 이렇게 글을 쓰게 되었습니다. 감사일기를 쓰기 위해 마음먹은 많은 이들에게 희망이 될 수 있다는 생각으로 글을 쓰게 되어서 가슴이 벅차오릅니다.

제가 겪은 일들을 가슴으로 읽어주기를 바랍니다.

2018년 11월 13일 화요일

일기장을 사놓고 쉽게 써지지는 않았습니다.

20일의 시간이 지난 뒤 2019년 12월 3일 첫 페이지의 일기를 씁니다.

일기를 쓴 기억을 떠올려 보면 중학생이던 16살까지 일기를 쓴 기억이 납니다. 그 이후 다이어리를 쓴 일 외에는 글을 써 본 기억이 없습니다.

성인이 된 이후 처음으로 일기를 써 보기로 마음먹었습니다.

생각과는 달리 하루 있었던 일을 정리하는 시간을 갖기가 쉽지 않았고 하루 일상 중 기억에 남는 의미 있는 일을 생각하는 것도 쉽게 떠오르지 않았습니다.

하루를 열심히 살아 냈다고 생각했는데 막상 펜을 들면 '오늘 뭐 했지.' 하고 생각하는 시간이 많아지다 보니 일기가 술술술 써지지 않았고 한 페이지 쓰는 데 시간이 오래 걸렸습니다.

5개월 동안 일기를 쓰다가 감사일기를 쓰게 되었습니다.

어느 날 새벽 '내가 확실히 아는 것들 오프라 윈프리' 책에, 오프라 윈프리는 10년 동안 감사일기를 쓰며 작고 사소한 것에 즐거움과 행복을 느꼈다고 했습니다.

"제가 가지고 있는 것들에 초점을 맞춘다면 자신을 위해 더 좋은 에너지를 내뿜고 만들어 낼 수 있다."라는 이 한마디가 저를 변화하게 하였고 저도 오프라 윈프리를 따라 해 보기로 했습니다. 우연히 책을 보다가 책 속의 한 줄이 제 몸을 움직여서 실천하게 하였습니다.

감사일기 1일 차를 쓰고 난 느낌은 쉽다는 것입니다.

제가 만나는 사람, 생활하고 먹고 행동하는 모든 것에 마무리는 "감사합니다." 하고 말하거나 글을 쓰면 멋진 문장이 완성되었습니다.

"새벽 기상을 하기 위해서 일찍 자고 일찍 일어나서 감사합니다."

"저녁 시간 배고픈 걸 참고 잤더니 다이어트가 되어서 감사합니다."

"계획한 일을 실천할 수 있는 힘을 주셔서 감사합니다."

작심 3일은 되지 말자는 생각으로 3일은 감사일기를 쓰기 위해서 일기 쓰는 시간을 만들었습니다. 3일이 30일이 되고 300일이 된다는 생각으로 빼 먹지 않고 썼지만 아직 습관이 되지 않아서일까요? 하루 쓰지 않고 넘어갔더니 그다음부터 퐁당퐁당 일기를 쓰게 되었습니다. 역시 매일 꾸준히 한다는 것은 결코 쉽지 않음을 배웁니다.

저는 매일 쓰지는 못하였습니다. 아픈 날, 여행 가는 날,

귀가 시간이 늦은 날은 감사일기를 쓰지 않고 그냥 넘어가기도 하였습니다.

감사일기를 통해 좋은 점과 기적 같은 경험을 하지 못하였기에 빨리 씻고 자고 싶은 생각뿐이었습니다. 제가 직접 경험해 보지 않고 책에서 본 것만으로는 감사일기의 효과가 100% 믿어지지 않았습니다.

일기를 빼 먹고 다음에 일기를 쓸 때는 다시 1일 차가 아니라 이어서 2일 차 감사일기를 쓰며 꾸준히 쓸 수 있는 힘을 주었습니다.

스스로 응원하고 100일 동안 썼을 때는 혼자 케이크를 사서 축하를 하기도 하였습니다.

혼자서 꾸준히 하는 것이 쉽지 않았습니다. 그래도 제 자신에게 실망하고 싶지 않아서 '그냥' 했습니다. 하다 보니 감사일기 쓰는 행위가 '그냥'이 아니라 제 삶에 큰 기쁨과 보람으로 다가왔습니다.

감사일기를 쓸 때는 한 땀 한 땀 바느질하듯 정성을 기울이게 되고 우리 아들, 딸에게 줄 수 있는 선물을 준비하는 마음입니다.

감사일기는 내 마음을 보여줄 수 있는 소통이 되었다.

매일 짬을 내어 3줄 정도 쓰는 것도 크게 감탄할 만한 결과를 맛보게 됩니다.

처음에는 감사한 일들이 생각나지 않아 겨우 3줄 감사일기를 쓰게 되었고 어떤 것에 감사하다고 해야 하는지 생각이 나지 않았습니다.

어쩜 감사한 많은 것을 받고 있었음에도 불구하고 이 모든 것이 당연하게 생각하며 살고 있었다는 생각이 들었습니다.

의식적으로 애써 노력해 보았습니다.

감사한 일들이 생각날 때마다 한 줄 두 줄씩 적다 보니 자기 전까지 한바닥 감사일기를 쓰게 되었습니다.

"감사도 습관이다. 감사도 학습이다."

좋은 습관을 만들기 위해서 감사한 일과 감사한 행동, 감사한 말을 하기 위해서 의식적으로 노력을 해 보았습니다.

이렇게 의식적으로 노력을 하였더니 감사일기를 쓰면 쓸수록 감사한 일들이 더 많아졌습니다.

어쩔 땐 노트 한바닥이 부족할 정도로 감사한 일들이 많았습니다

어쩌면 감사일기를 쓰기 위해서 감사한 일들을 만들고 감

사한 것들을 찾아다녔는지 모릅니다.

사소한 일상을 꾸준히 반복하였더니 땅속에 심어 놓은 씨앗처럼 싹을 틔우고 꽃을 피울 준비를 하며 따뜻한 봄을 기다리는 제 마음과 같았습니다.

감사일기를 쓰면서 제 마음에 사랑이 많아졌습니다.

아침마다 가족 카톡 방에 좋은 글을 소개하였고 글의 내용이 긴 것은 그림으로 그려서 공유하며 감사로 하루가 풍성해지기를 간절히 기도하였습니다.

남편에게 감사한 일이 있었다면 감사일기를 쓰고 사진을 찍어서 남편 카톡으로 보내며 짧은 메시지를 남깁니다.

"남편께 제 마음을 전합니다."

메시지와 일기를 찍은 사진 내용을 보냅니다.

표현을 안 하는 남편이라 답은 없습니다.

긴 시간 동안 감사일기로 마음을 전하는 일을 계속하였더니 남편과의 관계가 매우 좋아졌습니다. 스무 살 연애할 때로 돌아간 듯 서로를 사랑하며 아껴주게 되었습니다.

상대방의 말투, 행동, 몸짓에서 우리가 사랑하고 있음을 느낄 수 있었습니다.

아들, 딸, 친한 지인들께도 마찬가지입니다.

감사한 것이 있다면 그날 감사일기를 쓰고 사진을 찍어서 보내며 제 마음을 전하였더니 관계가 더욱 깊어지고 있음을 느낄 수 있었습니다.

지인들은 "좋은 영향을 받아서 감사해." 하고 인사를 해 줍니다.

감사는 나를 돌보는 일이다.

하루에 5분~10분씩 시간 내어 감사일기를 쓴 저의 작은 습관이 저를 알아가는 소중한 시간임을 깨달았습니다

감사일기를 쓰고 난 뒤 달라진 점이 있다면 일상생활 속의 저의 생각과 태도가 바뀌었고 말하는 언어에서 변화가 크게 왔습니다.

가장 가까이에서 저를 보고 있는 남편과 아들, 딸에게 지지와 응원을 받고 있는 아내, 엄마의 모습으로 살아간다는 건 저를 더욱 빛나게 해 주었습니다.

저는 아이들을 가르치는 선생님입니다.

아이들에게 더 상냥한 선생님이 되었습니다.

아이들에게 선생님이 감사한 일을 말하고 아이들의 감사한

일은 무엇인지 들어주며 아이들의 마음을 충분히 느낄 수 있었습니다.

이런 저의 모습은 아이들뿐 아니라 지인들과 동료 선생님께도 좋은 영향을 주었고 저와 함께 감사일기를 쓰고 인증샷을 올리고 함께 활동하시는 분이 늘어나고 있습니다.

감사일기 쓰기가 몇 년 동안의 고민을 해결해 주었습니다.

생각하고 쓰기를 반복하였더니 제가 무엇을 좋아하는지, 무엇을 잘하는지, 무엇을 하고 싶은지 알게 되었습니다.

주의를 주는 것이 사랑입니다. 주의를 주고 사랑을 주고 싶은 대상에 대해 하루 종일 고민하고 생각해 봅니다.

그 대상은 저의 삶 또는 저의 미래에 주의를 주고 사랑을 주고 싶습니다.

매일 감사일기를 쓰고 제가 좋아하는 일과 해야 할 일들을 기록하고 체크하면서 하나씩 하나씩 배워가고 있습니다.

저는 저의 50대를 위해 매일 제 삶에 주의를 주며 한 발짝 앞으로 나아가기 위해 제 자신과 열심히 투쟁하고 노력합니다.

감사한 일들을 찾아서 작은 일에도 소중하고 감사함을 느끼도록 감사일기를 쓰고 좋은 습관을 만들기 위해 제가 해야 할 일들을 기록하여 체크하며 제가 좋아하는 일을 찾아서 기록합니다.

포기하지 않으면 제 것이 된다는 것을 감사일기를 꾸준히 쓰면서 배우게 되었습니다.

오늘도 전 제 삶에 주의를 주며 제 삶을 사랑하는 연습을 합니다.

하루 중 운동할 수 있는 여유 시간을 만들기란 쉽지 않습니다.

운동하려면 시간도 있어야 하지만 저의 에너지가 있어야 운동을 할 수 있습니다.

감사일기 쓰기를 꾸준히 한 결과물로 가장 효과적인 것이 있다면 감사한 생각을 많이 하면 할수록 자체 에너지가 나오고 하루의 삶이 풍성해진다는 것입니다.

그 에너지를 이용해 꾸준히 운동하여 건강을 지킬 수 있었습니다.

평소 운동을 중요하게 생각하는 저는 하루의 해야 할 일처럼 의무적으로 운동을 했었는데 지금은 밥 먹듯 즐겁고 행복하게 운동하니 좋아하는 것이 되었습니다.

감사한 것들이 많아진 저는 제 안의 좋은 에너지가 많아졌음을 느낍니다.

제 삶도 제 일도 저의 건강한 몸과 정신도 모두 사랑하고 감사한 일들이 많이 생기니 더욱더 감사합니다.

저에게는 마르지 않는 감사와 사랑의 샘물이 가득하니 제가 가진 샘물을 나누고 싶습니다. 감사합니다.^^사랑합니다^^

좋은 습관이 자기 것이 된다는 것은 자기와의 싸움에서 승리하는 기쁨입니다.

우리 가족뿐 아니라 누군가를 위해 기도하는 따뜻한 마음을 배웠습니다.

우리 모두가 감사하며 서로에게 따뜻한 사람이 되어주기를 꿈꿉니다.

무엇인가 망설여지고 두렵다면 저처럼 누군가를 따라 해 보라고 말하고 싶습니다.

앞으로도 작은 습관으로 조금씩 성장하는 제가 되겠습니다.

감사 씨앗은 어떻게 생겼을까요?

여러분은 감사 씨앗이 어떻게 생겼는지 아시나요?

감사 씨앗은 어떤 모양, 어떤 색깔, 어떤 향기가 나는 걸까요?

사실 저도 잘 모르지만 아마도 너무너무 아름답고 우아한 자태를 뽐내며 우리를 행복하게 해 줄 거라고 믿고 있어요

저는 감사 씨앗을 느낄 수는 있었습니다.

감사일기를 함께 쓰고 싶다고 문의를 주시는 분들께 감사 노트와 손편지를 택배로 보내드립니다.

지금까지 200장의 손편지를 쓴 것 같습니다.

감사 노트를 받으면 인증샷을 남겨주시는데 놀라운 진실 하나는 제가 생각한 감사의 모양과 색깔, 향기를 감사일기를 함께 쓰려고 하시는 감사님들의 글과 인증하시는 일기에서 느낄 수 있었습니다.

감사일기 함께 쓰고 인증하고 감사를 나누는 우리의 밝

은 빛이 세상은 점점 더 밝아지고 아름다워질 거라 확신합니다.

감사일기 쓰는 방법

오늘도 자신에게 감사한 것이 있다면 무엇이 있을까요?

매일 아침 감사한 일을 찾기 위해 생각합니다.
의식적으로 감사 거리를 만들어냅니다.
아플 때 몸을 회복시켜주는 신체 면역 체계와 마찬가지로 감사일기를 쓰는 것만으로도 면역 체계가 건강해지고 하루의 회복 탄력성을 갖는 것과 같음을 느낄 수 있어서 감사합니다.
감사일기를 쓴 지 1,090일이 되었습니다.
그동안 크고 작은 기적을 경험할 수 있었던 것은 감사일기를 쓰면서 깨닫게 되어서 감사합니다.

오늘도 생각나는 감사한 사람이 있다면 누구인가요?

함께 감사일기를 쓰는 감사님들께 감사합니다.

혼자 쓴 감사일기가 두세 명이 되었다가 지금은 106분의 감사님들과 함께 감사일기를 쓰며 서로에게 좋은 빛이 되어주고 있으니 기적 같은 일입니다.

오늘도 감사한 일이 있다면 무엇인가요?

매일 1시간씩 읽고 쓰기를 반복하였더니 글쓰기 실력이 늘어서 감사합니다. 감사하면 더 깊어지고 넓어지고 있음을 새벽 북클럽 활동 시간에 배우게 되어서 감사합니다.

운동할 수 있는 시간이 만들어져서 감사합니다.

엮은이

WILDS(유광선)

경영학 박사 / 한국평생교육원 대표이사
국제코치연합 원장 / 한남대학교 경영대학원 국제코치교육센터 센터장
(사)한국중장년고용협회 교육원장 / 서울미디어대학원대학교 특임교수/ 한남대
학교 겸임교수

저자는 읽고 쓰며 감사한 마음으로 사업을 하면서 100, 100, 100 평생학습을 통해 오늘도 정신적 자유와 물질적 자유를 발견해 나가고 있다.

저서로는《와일드 이펙트》,《어떻게 행복한 성공을 할 수 있을까》,《어떻게 친구를 얻고 사람을 변화시킬 수 있을까》,《평생 명강사》,《감사일기(The Gratitude Diary)》,《거절당한 순간 영업은 시작된다》,《생각하라 그러면 부자가 되어라》,《카네기 인간관계론》,《어린 왕자》,《데일 카네기 자기 관리론》,《한 권으로 끝내는 전자책 만들기 그리고 종이책 만들기》 등이 있다.